大學者，研究高深學問者也。 1917

蔡元培

蔡元培

蔡元培先生教育文集 1868–1940

蔡元培　著
北京大學元培學院　編

中華書局　2018

編輯委員會

蔡元培在北大

1916 年 12 月 26 日，蔡元培先生出任北京大學校長，注重學術研究，倡導「思想自由、兼容並包」，奠定了北京大學的學術精神。

①

---

① 北京大學校長委任狀
② 國立北京大學校旗
③ 紅樓正門

②

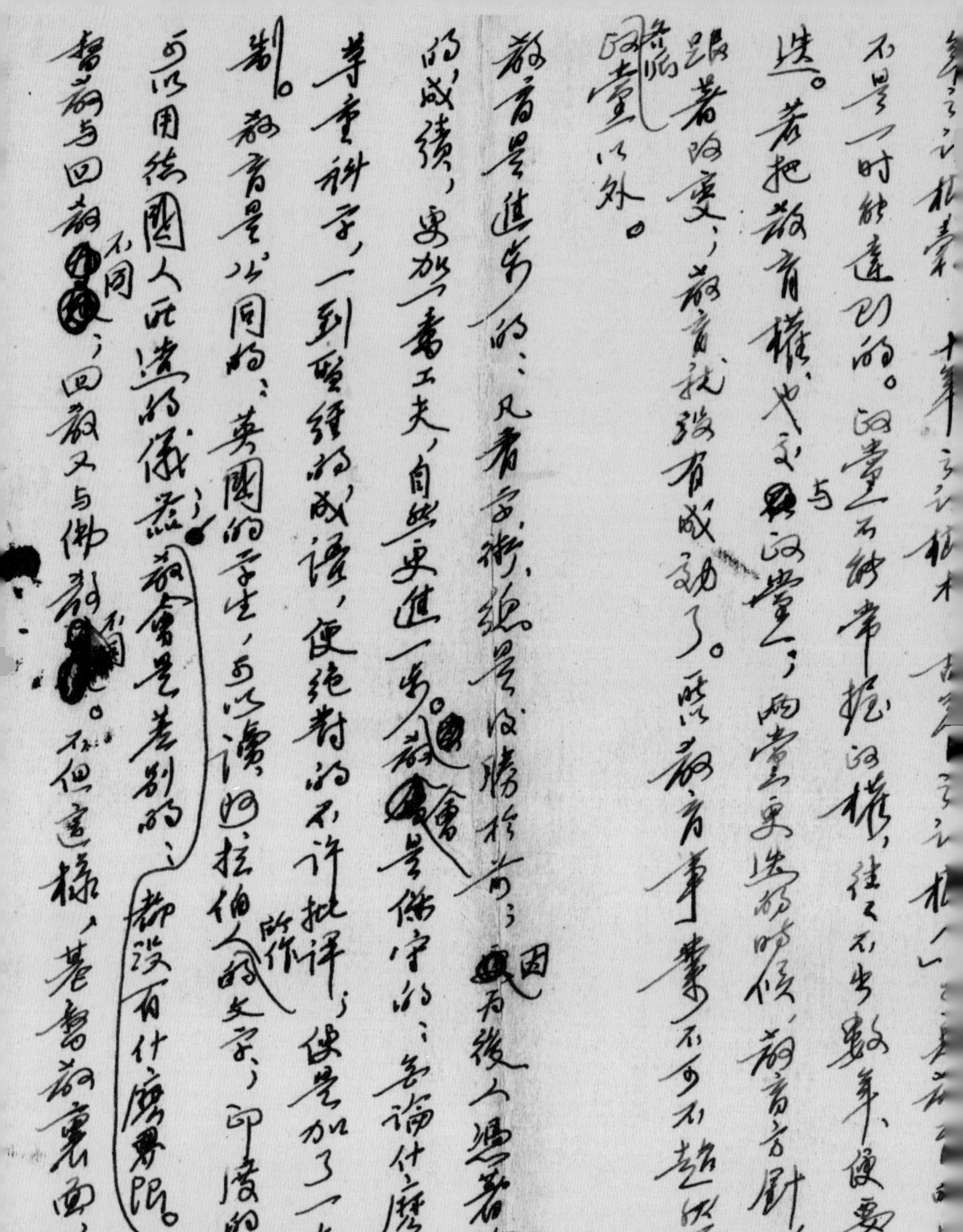

蔡元培《教育獨立議》手稿

教育芻議

教育是幫助被教育的人，給他能發展自己的能力，完成他的人格、於人類文化上能盡一分子的責任。不是把被教育的人，造成一種特別給抱有他種目的的人去應用的。所以教育事業，當完全交與教育家，保有獨立的資格，毫不受各派政黨或各派教會的影響。

教育是要个性與群性平均發達的。所以黨化教育是一種集團的教育，是黨派造別的群性抹殺个性；例如鼓勵人民依託某團，或用甲種民族的文化去同化乙種民族；這都是往了有偏差政策，若參入教育，便是大害。教育是求進動的，而黨的政策是求近功的。中國今...

教育是幫助被教育的人，給他能發展自己的能力，完成他的人格，於人類文化上能盡一分子的責任；不是把被教育的人，造成一種特別器具，給抱有他種目的的人去應用的。所以，教育事業當完全交與教育家，保有獨立的資格，毫不受各派政黨或各派教會的影響。

（見 P.126）

②

勞工神聖

我說的勞工，不但是金工、木工等等，凡用自己的勞力作成有益他人的事業，不管他用的是體力、是腦力，都是勞工。所以農是種植的工，商是轉運的工，學校職員、著述家、發明家是教育的工，我們都是勞工。我們要自己認識勞工的價值。勞工神聖！

(見 P.193)

③

① 大學院院長時期的蔡元培先生

② 1920 年 5 月 1 日，蔡元培為「《新青年》勞動節紀念號」題詞

③ 1931 年為《北大二十年級同學錄》題詞

我在北京大學的經歷

我素信學術上的派別是相對的，不是
絕對的；所以每一種學科的教員，即
使主張不同，若都是「言之成理、持
之有故」的，就讓他們並存，令學生
有自由選擇的餘地。

（見 P.44）

1920 年 3 月 14 日
蔣夢麟、蔡元培、胡適與李大釗（從左至右）
參加座談會「北京大學提倡的思想解放運動對
宗教信仰持何態度」，並合影於西山臥佛寺

中華民國成立，蔡元培被任命為第一任教育總長，提出了軍國民主義、實利主義、公民道德、世界觀、美感教育的「五育並舉」的教育方針。

1912 年 3 月
中華民國第一屆內閣合影
左側站立者蔡元培為教育總長

守正創新　引領未來

1868.01
1916.12
　　蔡元培先生出生於 1868 年 1 月 11 日，是中國傑出的教育家、思想家、民主主義革命家。1916 年 12 月 26 日出任北京大學校長，為中國近代教育、文化、科學事業做出了開創性的貢獻，被毛澤東譽為「學界泰斗，人世楷模」。

1917.01
　　1917 年 1 月 9 日，蔡元培先生在北大開學典禮上發表了就職演說，從思想學術上為國人開導出一股新潮流。正是因為蔡先生注重學術研究，倡導「思想自由、兼容並包」，科學、民主的思想得以傳播，從而奠定了北京大學的學術精神，北大也成為新文化運動的中心，五四愛國運動的發祥地。

　　北京大學元培學院在蔡元培先生誕辰 150 周年之際編輯出版這本《蔡元培先生教育文集》，主旨就是守正創新，

引領未來。蔡元培先生的教育思想博大精深，他在中國高等教育中所做的開創性工作，對於當代的大學教育具有重要的借鑒意義。2001年，北京大學啓動以蔡元培先生命名的本科教育教學改革項目——元培計劃；2007年，元培學院正式成立。16年來，元培學院始終積極穩妥地推進北大本科教育教學改革，引領了中國高等教育人才培養模式的探索與實踐。元培學院是北京大學實行教學改革的「尖刀班」，通過十幾年的不懈努力，在北大的教學制度、教育方式上做出了很多有益的探索。這個成就不僅體現在元培學院本身的發展上，也體現在整個學校的教育改革成就上。教育改革任務依然艱巨，我們仍然在路上。讓我們共同紀念元培校長，也讓我們共同努力，把北大辦得更好，為中國和世界做出更大的貢獻。

　　今天的科學和教育事業，只有轉變發展模式，大膽地、自信地走出自己的路子，才能實現跨越式發展，站到世界最前沿。審視當下，知識、科技與經濟社會的融合滲透空前緊密，大學發展與社會進步的互動影響同樣空前緊密。在這個高度競爭、機遇無限、跨越發展的時代，北京

大學應當如何回應時代需求、承擔時代責任？

首先，北大必須堅持以立德樹人為根本，為青年學生提供最好的教育，培養能夠引領未來發展的人才。要有清晰的價值導向，明確大學是培養人和實踐人類創造的場所，必須嚴守學術獨立和學術尊嚴，堅持和追求真理。

第二，作為中國基礎最雄厚、思想最活躍的大學之一，北大要致力於基本思想理論和科學技術前沿的創新，努力為人類文明進步、國家發展和民族振興作出傑出貢獻。

第三，北大應當繼續擔負起引領中國高等教育的責任，帶頭推進綜合改革，為完善中國特色現代大學制度作出重要探索，努力營造更加寬鬆和諧的學術和文化氛圍，真正使北大成為世人嚮往和敬仰的學術殿堂，有更高的精神追求和道德境界，重塑大學的公信與尊嚴。

我們把以上這些使命，凝練為「守正創新、引領未來」。所謂「守正」，就是要遵循高等教育的發展規律，尊重和堅守大學的傳統尤其是北京大學創辦百餘年來的光榮傳統，正道而行、弘揚正氣，重塑大學的公信與尊嚴；所謂「創新」，就是要始終保持「敢為天下先」的勇氣和

魄力，全面深化大學綜合改革，始終挺立時代潮頭。所謂「引領未來」，就是要主動融入國家發展的全域，突出自身的主動性與首創性，積極推動改造現實和開創未來。

　　當然，要完成這樣的使命，還必須加快轉變發展模式。近代以來，中國的現代科學和高等教育事業由於起步晚、底子薄，照着發達國家的樣子來摸索自己的道路，發展模式一直未能擺脫「跟蹤模仿」的定勢。人家走了彎路，我們也跟着走了彎路，人家的那一套並不完全適應中國的情況，但我們也搬過來用了。今天的科學和教育事業，只有轉變發展模式，大膽地、自信地走出自己的路子，才能實現跨越式發展，站到世界最前沿。魯迅先生說：「北大是常為新的，改進的運動的先鋒，要使中國向着好的，往上的道路走。」北京大學應以創新發展為方向指引，努力擺脫原來的以「跟蹤模仿」為主的發展模式，實現大膽跨越、後來居上、前沿引領。

　　習近平主席到北大考察時特別強調，要「辦好中國的世界一流大學」「扎根中國大地辦大學」。於北京大學而言，就是要在守正的基礎上創新，在創新的過程中守正，

服務、支撐和引領國家社會的未來發展，腳踏實地走出一條中國特色的世界一流大學創建道路。

　　蔡元培先生所提出的思想理念一直傳承到現在的高等教育教學改革實踐之中。美國哲學家杜威對蔡元培先生的評價是：「以一個校長身份，而能領導那所大學對一個民族、一個時代，起到轉折作用的，除蔡元培而外，恐怕找不出第二個」。我們今天紀念蔡元培先生，是為了弘揚元培精神。今天的北大比起 100 年前，已經實現了巨大的進步；我們更加要銘記蔡先生的教誨，北大人要有志於為國家和民族的復興、為「中國夢」的實現做出自己的貢獻，真正把北大辦成引領中國未來的偉大的大學。

　　蔡先生自身就是一本大書，如果我們要瞭解北大、理解北大精神的魅力，如果我們要瞭解大學、思考「何為大學，大學何為」的問題，都應該讀讀這本書。我希望廣大學子通過讀這本書，加強自己的人格修養，蔡先生一向把培養「完全人格」，作為學校教育的目的；我也希望廣大教育工作者來讀讀這本書，把蔡先生的思想作為當代大學教育守正創新、引領未來的基礎和參照。

（為紀念蔡元培先生誕辰 150 周年，北京大學元培學院將蔡元培先生有關教育思想的 43 篇手稿結集出版為《蔡元培先生教育文集》，謹以此書獻給北京大學建校 120 周年！）

北京大學校長

林建華

目錄

目錄

北大改革篇

1917.01.09

1920
據
新潮社編《蔡子民先生言行錄》
並參閱 1917.04
《東方雜誌》
第 14 卷第 4 號

就任北京大學校長之演說

　　五年前，嚴幾道先生為本校校長時，予方服務教育部，開學日曾有所貢獻於同校。諸君多自預科畢業而來，想必聞知。士別三日，刮目相見，況時閱數載，諸君較昔當必為長足之進步矣。予今長斯校，請更以三事為諸君告。

　　一曰抱定宗旨。　諸君來此求學，必有一定宗旨，欲求宗旨之正大與否，必先知大學之性質。今人肄業專門學校，學成任事，此固勢所必然。而在大學則不然，大學者，研究高深學問者也。外人每指摘本校之腐敗，以求學於此者，皆有做官發財思想，故畢業預科者，多入法科，入文科者甚少，入理科者尤少，蓋以法科為干祿之終南捷徑也。因做官心熱，對於教員，則不問其學問之淺深，惟問其官階之大小。官階大者，特別歡迎，蓋為將來畢業有

人提攜也。現在我國精於政法者，多入政界，專任教授者甚少，故聘任教員，不得不聘請兼職之人，亦屬不得已之舉。究之外人指摘之當否，姑不具論。然弭謗莫如自修(1)，人譏我腐敗，而我不腐敗，問心無愧，於我何損？果欲達其做官發財之目的，則北京不少專門學校，入法科者盡可肄業法律學堂，入商科者亦可投考商業學校，又何必來此大學？所以諸君須抱定宗旨，為求學而來。入法科者，非為做官；入商科者，非為致富。宗旨既定，自趨正軌。諸君肄業於此，或三年，或四年，時間不為不多，苟能愛惜光陰，孜孜求學，則其造詣，容有底止。若徒志在做官發財，宗旨既乖，趨向自異。平時則放蕩冶遊，考試則熟讀講義，不問學問之有無，惟爭分數之多寡；試驗既終，書籍束之高閣，毫不過問，敷衍三四年，潦草塞責，文憑到手，即可藉此活動於社會，豈非與求學初衷大相背馳乎？光陰虛過，學問毫無，是自誤也。且辛亥之役，吾人所以革命，因清廷官吏之腐敗。即在今日，吾人對於當軸(2)多不滿意，亦以其道德淪喪。今諸君苟不於此時植其基，勤其學，則將來萬一生計所迫，出而任事，擔任講席，則必

---

(1) 弭謗莫如自修：止息誹謗，莫過於加強自身修養。

(2) 當軸：處於核心地位。比喻官居要職之人。

貽誤學生；置身政界，則必貽誤國家。是誤人也。誤己誤人，又豈本心所願乎？故宗旨不可以不正大。此余所希望於諸君者一也。

二曰砥礪德行。 方今風俗日偷，道德淪喪，北京社會，尤為惡劣，敗德毀行之事，觸目皆是，非根基深固，鮮不為流俗所染。諸君肄業大學，當能束身自愛。然國家之興替，視風俗之厚薄。流俗如此，前途何堪設想。故必有卓絕之士，以身作則，力矯頹俗。諸君為大學學生，地位甚高，肩此重任，責無旁貸，故諸君不惟思所以感己，更必有以勵人。苟德之不修，學之不講，同乎流俗，合乎污世，己且為人輕侮，更何足以感人？然諸君終日伏首案前，芸芸攻苦，毫無娛樂之事，必感身體上之苦痛。為諸君計，莫如以正當之娛樂，易不正當之娛樂，庶於道德無虧，而於身體有益。諸君入分科時，曾填寫願書，遵守本校規則，苟中道而違之，豈非與原始之意相反乎？故品行不可以不謹嚴。此余所希望於諸君者二也。

三曰敬愛師友。 教員之教授，職員之任務，皆以圖諸君求學之便利，諸君能無動於衷乎？至於同學，共處一

堂，尤應互相親愛，庶可收切磋之效。余見歐人購物者，每至店肆，店主殷勤款待，付價接物，互相稱謝。薄物細故，猶懇摯如此，況學術傳習之大端乎？對於師友之敬愛，此余所希望於諸君者三也。

余到校任事僅數日，校事多未詳悉，茲所計劃者二事：

一曰改良講義。諸君研究高深學問，自與中學、高等不同，不惟恃教員講授，尤賴一己潛修。以後所印講義，只列綱要，其詳細節目，由教師口授，後學者自行筆記，並隨時參考，以期學有心得，能裨實用。

二曰添購書籍。本校圖書館書籍雖多，新出者甚少，刻擬籌集款項，多購新書，以備教員與學生之參考。今日所與諸君陳說者只此，以後會晤日長，隨時再為商榷可也。

1917.01

1917.08.01

據

《新青年》

第 3 卷第 6 號

大學改制之事實及理由 (1)

　　竊查歐洲各國高等教育之編制，以德意志為最善。其法科、醫科既設於大學，故高等學校中無之。理工科、商科、農科，既有高等專門學校，則不復為大學之一科。而專門學校之畢業生，更為學理之研究者，所得學位，與大學畢業生同。普通之大學學生會，常合高等學校之生徒而組織之。是德之高等專門學校，實即增設之分科大學，特不欲破大學四科之舊例，故別列一門而已。我國高等教育之制，規仿日本，既設法、醫、農、工、商各科於大學，而又別設此諸科之高等專門學校，雖程度稍別淺深，而科目無多差別。同時並立，義近駢贅 (2)。且兩種學校之畢業生，服務社會，恆有互相齟齬之點。殷鑒不遠，即在日本。特我國此制行之未久，其弊尚未著耳。今改圖尚無何

---

(1)「大學改制之議」發端於 1917 年 1 月 27 日的國立高等學校校務討論會，本文是蔡校長會上提出的議案。

(2) 駢贅：⊜ pián zhuì，意為多餘無用之物。

等困難，爰參合現代之大學及高等專門學校制而改編大學制如下。

（一）大學專設文、理二科。其法、醫、農、工、商五科，別為獨立之大學。其名為法科大學、醫科大學等。

其理由有二：文理二科，專屬學理；其他各科，偏重致用，一也。文理二科，有研究所、實驗室、圖書館、植物園、動物院等種種之設備，合為一區，已非容易。若遍設各科，而又加以醫科之病院、工科之工場、農科之試驗場等，則範圍過大，不能各擇適宜之地點，一也。

（二）大學均分為三級：1. 預科一年，2. 本科三年，3. 研究科二年，凡六年。

以上所述經北京高等師範學校陳校長、北京法政專門學校吳校長、北京醫學專門學校湯校長、北京農業專門學校洪校長一致贊同，即於同月三十日由各校長公呈教育部請核准。二月二十三日教育部開會議，列席者總次長、參事、專門司司長、北洋大學校長，及具呈各校長。第一條無異議。於第二條，則多以預科一年之期為太短，又有以

研究科之名為不必設者。乃再付校務討論會復議。二月五日校務討論會開會議決：大學均分為二級，預科二年，本科四年，凡六年。復於三月五日在教育部會議一次，無異議，乃由教育部於三月十四日發指令曰：「改編大學制年限辦法，經本部迭次開會討論，應定為預科二年，本科四年」云云。此改制案成立之歷史也。

如上所述，則農工醫等專門學校，均當為改組大學之準備。而設備既需經費，教員尚待養成，非再歷數年不能進行。而北京大學則適有改革之機會，於是由評議會議決而實行者如下。

（一）**文理兩科之擴張** 大學號有五科，而每科所設，少者或止一門，多者亦不過三門。欲以有限之經費，博多科之體面，其流弊必至如此。今既以文理為主要，則自然以擴張此兩科，使漸臻完備，為第一義。然為經費所限，暑假後僅能每科增設一門，即史學門及地質學門是也。

（二）**法科獨立之預備** 北京大學各科以法科為較完備，學生人數亦最多，具有獨立的法科大學之資格。惟現在尚為新舊章並行之時，獨立之預算案，尚未有機會可以

提出，故暫從緩議，惟於暑假後先移設於預科校舍，以為獨立之試驗。

（三）**商科之歸併**　商科依部令宜設銀行、保險等專門，而北京大學現有之商科，則不設專門，而授普通商業，實不足以副商科之名，而又無擴張之經費。故於五月十五日呈請教育部，略謂：「本校自本學年始設商科，因經費不敷，不能按部定規程分設銀行學、保險學等門，而講授普通商業學，頗有名實不副之失。現值各科改組之期，擬仿美日等國大學法科兼設商業學之例，即以現有商科改為商業學，而隸於法科。俟 (3) 鈞部 (4) 籌有的款創立商科大學時，再將法科之商業專門定期截止」云云。旋即二十三日奉教育部指令曰：「該校請將現有商科改為商業學門，隸於法科一節，尚屬可行，應即照准」云云。

（四）**工科之截止**　北京大學之工科，僅設土木工門及採礦冶金門。北洋大學亦國立大學也，設在天津，去北京甚近，其工科所設之門，與北京大學同，且皆用英語教授，設備儀器，延聘教員，彼此重復，而受教之學生，合兩校之工科計之，不及千人，納之一校，猶病其寡，徒糜

---

(3) 俟：等待。

(4) 鈞部：有隸屬關係之下級機關對上級機關用。此處指教育部。

國家之款，以為增設他門之障礙而已。故與教育部及北洋大學商議，以本校預科畢業生之願入工科者，送入北洋大學，而本校則俟已有之工科兩班畢業後，即停辦工科。（其北洋大學之法科，亦以畢業之預科生送入本校法科，俟其原有之法科生畢業後，即停辦法科，而以其費供擴張工科之用。）

（五）預科之改革　大學預科由舊制之高等學堂嬗蛻而來。所以停辦高等學堂，而於大學中自設預科者，因各省所立高等學堂程度不齊，咨送大學後，種種困難也。不意以五年來經驗，預科一部、二部等編制及年限，亦尚未盡善。舉一部為例，既兼為文法商三科預備，於是文科所必須預備，而為法商科所不必設者，或法商科所必須預備，而為文科所不必設者，不得不一切課之。多費學生之時間及心力於非要之課，而重要之課，反為所妨。此一弊也。預科既不直隸各科，含有半獨立性質；一切課程，並不與本科銜接，而與本科競勝：取本科第一年應授之課，而於預科之第三年授之，使學生入本科後，以第一年之課程為無聊，遂挫折其對於學問上之興趣。且以六年之久，

而所受之課，實不過五年有奇，寧不可惜。此二弊也。此亦促進大學改制之一原因。改制以後，預科既減為二年，而又分隸於各科，則前舉二弊可去。或有以外國語程度太低為言者，不知新章預科，止用一種外國語，即中學所已習者。習外國語積六年之久，而尚不能讀參考書，有是理乎？

　　大學改制，有種種不得已之原因，如上所述，惟未經宣佈。又新舊兩章，同時並行，易滋回惑。故外間頗多誤會，如前數日《北京日報》之法律、冶金併入北洋大學之説，其實毫無影響，又八月三日、四日之《晨鐘報》揭載余以智君之《北京大學改制商榷》，其對於本校之熱誠，深可感佩，惟所舉事實，均有傳聞之誤。即如引蔡元培氏之言，謂「文科一科，可以包法商等科而言也，理科一科，可以包醫工等科而言也」。詢之蔡君，並不如是。蔡君不過謂法商各科之學理，必原於文科；醫、農、工各科之學理，必原於理科耳。若如余君所引之言，則蔡君第主張設文理二科足矣，何必再為法、醫、農、工、商各為獨立大學之提議乎？其他類此者尚多，故述大學改制之事實及理由，以告研究大學制者。如承據此等正權之事實，而加以針砭，則固本校同人之所歡迎也。

　　　　　　　　　　　　　　八月五日　　北京大學啓

1918.10.14

1918.10.16

據

《北京大學日刊》

北京大學新聞學研究會
成立之演說

　　凡事皆有術而後有學。外國之新聞學，起於新聞發展以後。我國自有新聞以來，不過數十年，則至今日而始從事於新聞學，固無足怪。我國第一新聞，是為《申報》。蓋以前雖有所謂邸抄 (1) 若京報，是不過輯錄成文，非如新聞之有採訪、有評論也。故言新聞自《申報》始。《申報》為西人所創設，實以外國之新聞為模範。其後乃有《滬報》《新聞報》等。戊戌以後，始有《中外日報》《時報》《蘇報》等。十五年前，鄙人在愛國學社辦事時，與《蘇報》頗有關係。其後亦嘗從事於《俄事警聞》《警鐘日報》等。其時於新聞術實毫無所研究，不過藉此以鼓吹一種主義耳。即其他《新聞報》《申報》等，雖專營新聞業，而其規模亦尚小。民國元年以後，新聞驟增，僅北京一隅，聞有八十餘

---

(1) 邸抄：⊕ dǐ chāo，官府發行的報章。專載政治新聞和人事動態。

種。自然淘汰之結果，其能持續至今者，較十餘年前之規模大不同矣。惟其發展之道，全恃經驗，如舊官僚之辦事然。苟不濟之以學理，則進步殆亦有限。此吾人所以提出新聞學之意也。

新聞之內容，幾與各種科學無不相關。外國新聞，多有特闢科學、美術、音樂、戲曲等欄者，固非專家不能下筆。即普通紀事，如旅行、探險、營業、犯罪、政聞、戰報等，無不與地理、歷史、經濟、法律、政治、社會等學有關。而探訪編輯之務，尤與心理學有密切之關係。至於記述辯論，則論理學及文學亦所兼資者也。根據是等科學，而應用於新聞界特別之經驗，是以有新聞學。歐美各國，科學發達，新聞界之經驗又豐富，故新聞學早已成立。而我國則尚為斯學萌芽之期，不能不仿《申報》之例，先介紹歐美新聞學。是為吾人第一目的。我國社會，與外國社會有特別不同之點。因而我國新聞界之經驗，亦與外國有特別不同之點。吾人本特別之經驗而歸納之，以印證學理，或可使新聞學有特別之發展。是為吾人第二目的，想到會諸君均所贊成也。

　　抑鄙人對於我國新聞界尚有一種特別之感想。乘今日集會之機會，報告於諸君，即新聞中常有猥褻之紀聞若廣告是也。聞英國新聞，雖治療梅毒之廣告，亦所絕無。其他各國，雖疾病之名詞，無所謂忌諱，而春藥之揭貼，冶遊之指南，則絕對無之。新聞自有品格也。吾國新聞，於正張中無不提倡道德；而廣告中，則誨淫之藥品與小說，觸目皆是；或且附印小報，特闢花國新聞等欄；且廣收妓寮之廣告。此不特新聞家自毀其品格，而其貽害於社會之罪，尤不可恕。諸君既研究新聞學，必皆與新聞界有直接或間接之關係，幸有以糾正之。

1918.10.22

1918.10.25
據
《北京大學日刊》

在北京大學畫法研究會致辭

　　今日為畫法研究會第二次始業式，人數視前增加，是極好的現象。此後對於習畫，余有二種希望，即多作實物的寫生，及持之以恆二者是也。

　　中國畫與西洋畫，其入手方法不同。中國畫始自臨摹，外國畫始自寫實。《芥子園畫譜》，逐步分析，乃示人以臨摹之階。此其故，與文學、哲學、道德有同樣之關係。吾國人重文學，文學起初之造句，必倚傍前人，入後方可變化，不必拘擬。吾國人重哲學，哲學亦因歷史之關係，其初以前賢之思想為思想，往往為其成見所囿，日後漸次發展，始於已有之思想，加入特別感觸，方成新思想。吾國人重道德，而道德自模範人物入手。三者如是，美術上遂亦不能獨異。西洋則自然科學昌明，培根曰：人

不必讀有字書，當讀自然書。希臘哲學家言物類原始，皆托於自然科學。亞里斯多德隨亞力山大王東征，即留心博物學。德國著名文學家鞠台 (1) 喜研究動植物，發見植物千變萬殊，皆從葉發生。西人之重視自然科學如此，故美術亦從描寫實物入手。今世為東西文化融和時代。西洋之所長，吾國自當採用。抑有人謂西洋昔時已採用中國畫法者，意大利文學復古時代，人物畫後加以山水，識者謂之中國派；即法國路易十世時，有羅科科派，金碧輝煌，說者謂參用我國畫法。又法國畫家有摩耐 (2) 者，其名畫寫白黑二人，惟取二色映帶，他畫亦多此類，近於吾國畫派。彼西方美術家，能採用我人之長，我人獨不能採用西人之長乎？故甚望學中國畫者，亦須採西洋畫布景實寫之佳，描寫石膏物象及田野風景，今後諸君均宜注意。此予之希望者一也。

又昔人學畫，非文人名士任意塗寫，即工匠技師刻畫模仿。今吾輩學畫，當用研究科學之方法貫注之。除去名士派毫不經心之習，革除工匠派拘守成見之譏，用科學方法以入美術。美雖由於天才，術則必資練習。故入會後當

---

(1) 鞠台：通譯為歌德 (Goethe, 1749–1832)。

(2) 摩耐：通譯為馬奈 (Manet, 1832–1883)。

認定主意，誓以終身不捨。興到即來，時過情遷，皆當痛戒。諸吾持之以恆，始不負自己入斯會之本意。此予之希望者二也。

除此以外，余欲報告者三事：（一）花卉畫導師陳師曾先生辭職，本會今後擬別請導師，俟決定後再行發表。（二）畫會會所急求擴充，俟覓得相當地點，再行遷徙，與各會聯絡一起。（三）上學年所擬向收藏家借畫辦法，本年擬實行，擬請馮漢叔先生籌之。

1918.11.10

1919.01

據

《北京大學日刊》

第 1 卷第 1 號

《北京大學月刊》發刊詞

　　北京大學之設立，既二十年於茲，向者自規程而外，別無何等印刷品流布於人間。自去年有《日刊》，而全校同人始有聯絡感情、交換意見之機關，且亦藉以報告吾校現狀於全國教育界。顧《日刊》篇幅無多，且半為本校通告所佔，不能載長篇學說，於是有《月刊》之計劃。

　　以吾校設備之不完全，教員之忙於授課，而且或於授課以外兼任別種機關之職務，則夫《月刊》取材之難，可以想見。然而吾校必發行《月刊》者，有三要點焉：

　　一曰盡吾校同人力所能盡之責任。　所謂大學者，非僅為多數學生按時授課，造成一畢業生資格而已也，實以是為共同研究學術之機關。研究也者，非徒輸入歐化，而必於歐化之中為更進之發明；非徒保存國粹，而必以科學

方法，揭國粹之真相。雖曰吾校實驗室、圖書館等缺略不具，而外界學會、工場之屬，無可取資，求有所新發明，其難固倍蓰於歐美學者。然十六七世紀以前，歐洲學者，其所憑藉，有以逾於吾人乎？即吾國周秦學者，其所憑藉，有以逾於吾人乎？苟吾人不以此自餒，利用此簡單之設備，短少之時間，以從事於研究，要必有幾許之新義，可以貢獻於吾國之學者，若世界之學者。使無月刊以發表之，則將並此少許之貢獻而靳[1] 而不與，吾人之愧歉當何如耶？

二曰破學生專己守殘之陋見。 吾國學子，承舉子、文人之舊習，雖有少數高才生知以科學為單純之目的，而大多數或以學校為科舉，但能教室聽講，年考及格，有取得畢業證書之資格，則他無所求；或以學校為書院，媛媛〔暖暖〕姝姝，守一先生之言，而排斥其他。於是治文學者，恆蔑視科學，而不知近世文學，全以科學為基礎；治一國文學者，恆不肯兼涉他國，不知文學之進步，亦有資於比較；治自然科學者，局守一門，而不肯稍涉哲學，而不知哲學即科學之歸宿，其中如《自然哲學》一部，尤

---

(1) 靳：吝嗇。

為科學家所需要；治哲學者，以能讀古書為足用，不耐煩於科學之實驗，而不知哲學之基礎不外科學，即最超然之玄學，亦不能與科學全無關係。有《月刊》以網羅各方面之學說，庶學者讀之，而於專精之餘，旁涉種種有關係之學理，庶有以祛其褊狹之意見，而且對於同校之教員及學生，皆有交換知識之機會，而不至於隔閡矣。

三曰**釋校外學者之懷疑**。 大學者，囊括大典，網羅眾家之學府也。《禮記·中庸》曰：「萬物並育而不相害，道並行而不相悖。」足以形容之。如人身然，官體之有左右也，呼吸之有出入也，骨肉之有剛柔也，若相反而實相成。各國大學，哲學之唯心論與唯物論，文學、美術之理想派與寫實派，計學之干涉論與放任論，倫理學之動機論與功利論，宇宙論之樂天觀與厭世觀，常樊然並峙於其中，此思想自由之通則，而大學之所以為大也。吾國承數千年學術專制之積習，常好以見聞所及，持一孔之論。聞吾校有近世文學一科，兼治宋元以後之小說、曲本，則以為排斥舊文學，而不知周秦兩漢文學，六朝文學，唐宋文學，其講座固在也；聞吾校之倫理學用歐美學說，則以為

廢棄國粹，而不知哲學門中，於周秦諸子，宋元道學，固亦為專精之研究也；聞吾校延聘講師，講佛學相宗，則以為提倡佛教，而不知此不過印度哲學之一支，藉以資心理學、論理學之印證，而初無與於宗教，並不破思想自由之原則也。論者知其一而不知其二，則深以為怪。今有《月刊》以宣佈各方面之意見，則校外讀者，當亦能知吾校兼容並收之主義，而不至以一道同風之舊見相繩矣。

　　以上三者，皆吾校所以發行《月刊》之本意也。至《月刊》之內容，是否能副此希望，則在吾校同人之自勉，而靜俟讀者之批判而已。

1920.01.18

1920.01.24

據

《北京大學日刊》

在北京大學平民夜校
開學日的演說

今日為北京大學學生會平民夜校開學日，此事不惟關係重大，也是北京大學准許平民進去的第一日。從前這個地方，是不許旁人進去的；現在這個地方，人人都可以進去。從前馬神廟北京大學掛着一塊牌，寫着「學堂重地，閑人免入」，以為全國最高的學府，只有大學學生同教員可以進去，旁人都是不能進去的。這種思想，在北京大學附近的人，尤其如此。現在這塊牌已竟取去了。

北京大學第一步的改變，便是校役夜班之開辦。於是二十多年的京師大學堂裏面，聽差的也可以求學。從前京師大學堂裏面的聽差，不過賺幾個錢，喊幾聲大人老爺；現在北京大學替聽差的開個校役夜班，他們晚上不當差的時候，也可以隨便的求點學問。於是大學中無論何人，都

有了受教育的權利。不過單是大學中人有受教育的權利，還不夠，還要全國人都能享受這種權利才好。所以先從一部分做起，開辦這個平民夜校。

「平民」的意思是「人人都是平等的」。從前只有大學生可受大學的教育，旁人都不能夠，這便算不得平等。現在大學生分其權利，開辦這個平民夜校，於是平民也能到大學去受教育了。大學生為甚麼要辦這個平民夜校呢？因為他們自己已經有了學問，看見旁的兄弟還沒有學問，自己心中很難過。好像自己飽了，看見許多的兄弟姊妹都還餓着，自己心中就很難過一樣。「一個人不但愁着肚子餓，而且怕腦子餓。」大學生看見許多弟弟妹妹的肚子餓，固然難過，他們看見你們的腦子餓，也是很難過的。因為人沒有學問，不認識字，是很苦的一件事，甚至有寫封信還要請人去寫。要是自己會寫，還受這種苦嗎？我們有手而不能用，有目而不能見，我們心中一定很難過；我們的腦子餓了，看個電影也不能懂得，又何嘗不是一樣的苦呢？譬如大學生從小學到中學，現在又到大學，仿佛已經吃的很多。要是看見旁人沒有學問，沒有知識，常常受「腦餓」

的痛苦，他們自己一定很難過，很不爽快——因為不平，所以願為大家盡力，開辦這個平民夜校。大學生一方面既有這種好意思，住在大學附近的人家，也把他的子弟送去求學，現在竟有四百多人，仿佛肚子餓了要去求食一樣。這種意思，實在好極，也算不負了辦平民夜校的熱心。

辦平民夜校的，固然要熱心；我對於夜校的學生同家長，還有兩層希望：

一、教職員既然拿出全副的精神教我們，我們進去一兩天後，覺得沒有甚麼新奇，於是就不去了。要是這樣，仿佛也對不起教員的一番熱心。

二、住在大學附近的，才有這種特別權利，那些住得較遠的，不能享着這種權利的，你們應該覺得很難過，把你們所已知的傳達給他們——你們的親戚或朋友——使他們的子弟也入他們附近的平民夜校去求學。

這都是很要緊的。這也是我所望於辦平民夜校的，與你們的。

1920.10

1920
據
《蔡子民先生言行錄》
新潮社編

國立北京大學校旗圖說

　　各國的國旗，雖然也有採用天象、動物、王冠等等圖案，但是用色彩作符號的佔多數。法國三色旗，說是自由、平等、博愛三大主義的符號，是最彰明較著的。我國國旗用五色，說是表示五族共和，也是這一類。我們現在所定的校旗 (1)，右邊是橫列的紅、藍、黃三色，左邊是縱列的白色，又於白色中間綴黑色的北大兩篆文，並環一黑圈。這是借作科學、哲學、玄學的符號。

　　我們都知道，各種色彩，都可用日光七色中幾色化成的。我們又都知道，日光中七色，又可用三種主要色化成的。現在通行三色印刷術，就是應用這個原理。科學界的關係，也是如是。世界事物，雖然複雜，總可以用科學說明他們；科學的名目，雖然也很複雜，總可以用三類包舉

(1) 見頁 ii。

他們。哪三類呢？第一，是現象的科學，如物理、化學等等。第二，是發生的科學，如歷史學、生物進化學等等。第三，是系統的科學，如植物、動物、生理學等等。我們現在用紅、藍、黃三色，作這三類科學的符號。

我們都知道，白是七色的總和，自然也就是三色的總和了。我們又都知道，有一種哲學，把種種自然科學的公例貫串起來，演成普遍的原理，叫作自然哲學。我們又都知道，有幾派哲學，把自然科學的原理，應用到精神科學，又把各方面的原理統統貫串起來，如英國斯賓塞爾氏的綜合哲學，法國孔德氏的實證哲學，就是。這種哲學，可以算是科學的總和。我們現在用總和七色的白來表示他。

但是人類求知的欲望，決不能以綜合哲學與實證哲學為滿足，必要侵入玄學的範圍。但看法國當實證哲學盛行以後，還有別格遜 (2) 的玄學，很受歡迎，就可算最顯的例證了。玄學的對象，叔本華叫他作「沒有理解的意志」，斯賓塞爾叫他作「不可知」，哈特曼叫他作「無意識」。道家叫作「玄」；釋家叫作「涅槃」。總之，不能用科學的概念證明，全要用玄學的直覺照到的，就是了。所以我們用

---

(2) 別格遜：通譯為柏格森 (Bergson, 1859–1941)。

沒有顏色的黑來代表他。

　　大學是包容各種學問的機關，我們固然要研究各種科學；但不能就此滿足，所以研究融貫科學的哲學；但也不能就此滿足，所以又研究根據科學而又超絕科學的玄學。科學的範圍最廣，哲學是窄一點兒，玄學更窄一點兒。就分門研究說，研究科學的人最多，其次哲學，其次玄學。就一人經歷說，研究科學的時間最多，其次哲學，其次玄學。所以校旗上面，紅、藍、黃三色所佔的面積最大，白次之，黑再次之。

　　這就是國立北京大學校旗所以用這幾種色，而這幾種色所佔面積又不相同的緣故。

1921.05.12

1921.08.10

據

《北京大學日刊》

在愛丁堡中國學生會及
學術研究會歡迎會演說詞

　　今日與諸君聚會，甚為歡樂，更感激諸君厚意。此次出來的時候，本想在英國多住幾天，因為英國教育與別國不同，蘇格蘭與英格蘭又不同。愛丁堡風景著名，大學校更著名，地方清靜，氣候溫和，旅費比較的節省，所以中國留學生在此處很多。從前吾在德國時，就知道此地有學生會，似名蘇學會，曾見過兩次的會報，是用膠板印的。大約在清季(1)，或民國初年間。今日來此，仍有學生會，更有學術研究會。風景既佳，學校又好，大家聯合起來，安心求學，比較在倫敦、柏林、巴黎更佳。所以吾在倉促間，必要到此一遊。但是今日又須到丹麥，不能久住。且喜得與諸君聚會，又看過大學校、美術專門、博物館、古堡、舊皇宮等地，更蒙諸君鄭重的招待，何等欣幸！茲奉

---

(1) 清季：清末。

臨別數語，望大家注意。

今日會中有學術研究會，學與術可分為二個名詞，學為學理，術為應用。各國大學中所有科目，如工商，如法律，如醫學，非但研求學理，並且講求適用，都是術。純粹的科學與哲學，就是學。學必借術以應用，術必以學為基本，兩者並進始可。中國羨慕外人的，第一次是見其槍炮，就知道他的槍炮比吾們的好。以後又見其器物，知道他的工藝也好。又看外國醫生能治病，知道他的醫術也好。有人說：外國技術雖好，但是政治上止有霸道，不及中國仁政。後來才知道外國的憲法、行政法等，都比中國進步。於是要學他們的法學、政治學，但是疑他們道學很差。以後詳細考查，又知道他們的哲學，亦很有研究的價值。他們的好處都知道了，於是出洋留學生，日多一日，各種學術都有人研究了。然而留學生中，專為回國後佔地位謀金錢的也很多。所以學工業，預備作技師。學法律，預備作法官，或當律師。學醫學，預備行醫。只從狹義做去，不問深的理由。中國固然要有好的技師、醫生、法官、律師等等，但要在中國養成許多好的技師、醫生等，

必須有熟練技能而又深通學理的人，回去經營，不是依樣畫葫蘆的留學生做得到的。譬如吃飯的時候，問小兒飯從那裏來的？最淺的答語是說出在飯桶裏，進一步，說是出在鍋子裏，再進一步，說是出在穀倉裏，必要知道探原到農田上，才是能造飯的，不是專吃現成飯的人了。求學亦然，要是但知練習技術，不去研究學術；或一國中，練習技術的人雖多，研究科學的人很少，那技術也是無源之水，不能會通改進，發展終屬有限。所以希望留學諸君，不可忽視學理。

外人能進步如此的，在科學以外，更賴美術。人不能單純工作，以致腦筋枯燥，與機器一樣。運動、吃煙、飲酒、賭博，皆是活潑腦筋的方法，但不可偏重運動一途。煙酒、賭博，又係有害的消遣，吾們應當求高尚的消遣。西洋科學愈發達，美術也愈進步。有房屋更求美觀，有雕刻更求精細。一塊美石不製桌面，而刻石像，一塊堅木不作用器，而製玩物，究竟有何用意？有大學高等專門學校，更設美術學校、音樂學校等，既有文法書，更要文學。所建設的美術館、博物館，費多少金

錢，收買物品，雇人管理，外人豈愚？實則別有用心。過勞則思游息，無高尚消遣則思煙酒、賭博，此係情之自然。所以提倡美術，既然人得以消遣，又可免去不正當的娛樂。

美術所以為高尚的消遣，就是能提起創造精神。從前功利論，以為人必先知有相當權利，而後肯盡義務。近來學者，多不以為然。羅素佩服老子 (2)「為而不有」一語。他的學說，重在減少佔有的衝動，擴展創造的衝動，就是與功利論相反的。但這種減少與擴展的主義，可用科學證明。這種習慣，止有美術能養成他。因為美術一方面有超脫利害的性質，一方面有發展個性的自由。所以沉浸其中，能把佔有的衝動逐漸減少，創造的衝動逐漸擴展。美術的效用，豈不很大麼？中國美術早已卓著，不過好久沒人注意，不能儘量發展。現在博物館還未設立，豈不可惜。所以在外國的時候，既然有很好的機會，就當隨處注意。不但課餘可時往博物館賞覽，就是路旁校側，處處都有美術的表現。不僅對於自己精神有利益，就是回國以後，對於提倡美術，也多有補助。若是此時失去機會，以

---

(2) 老子：春秋時思想家，道家的始創人。

後就懊悔也晚了。

我知道在愛丁堡的同學對於國內的政治是很注意的。中國現在的政治，可云壞極了，一切大權皆在督軍掌握，督軍並無何等智慧，不過相互為敵，借養兵之名，去攫金錢就是了。譬如說有一萬兵的，其實不過數千，將這空餉運入私囊。僅為金錢之計，實無軍隊可言，更無威武可怕。惟真正民意，為力最大。凡所喜的，都可實現，凡所惡的，都可鏟除。前清因失民意而亡，袁氏 (3) 因失民意而殁。安福 (4) 兵力很強，又有外人幫助，但因民意反對，終歸潰敗。現在人心又恨怨督軍，都提倡「廢督」。大概督軍不久也必消滅。但是最重要問題：督軍消滅後，又將何以處之？從前執政都想中央集權，實則中國之大，斷沒有少數人能集權而治的。現在極要的，是從「地方自治」入手。在各地方設高等教育機關，使人民多受教育，自然各方面事務都有適當的人來擔任。希望諸君專心求學，學成可以效力於地方，這是救國最好的方法。目前國內政治問題，暫可不必分心。

我想諸君必又很注意於國內學生的情形。曾記得革

---

(3) 袁氏：指袁世凱。

(4) 安福：安福系，北洋軍閥政客集團。因其成立及活動地點在北京宣武門內安福胡同，故名安福系。

命以前，在上海、天津、以至日本留學界，都有學生做革命的運動。民國成立以後，學生卻沒有甚麼重要的表示。前年「山東問題」發生，學生關心國家，代表社會，又活動起來。國人對於學生舉動很注重，對於學生議論也很信仰，所以有好機會，為社會作事。不過「五四」以後，學生屢屢吃虧。中間經過痛苦太多。功課耽誤，精神挫傷，幾乎完全失敗。因此學生發生兩種覺悟出來：第一，受此番經驗，自知學問究竟不足，於是運動出首的學生，或到外國求學，未出國的，也格外專心用功了。第二，經此番風潮，社會對於學生，都加一番重視。學生自身，也知人格可貴，就大家不肯作貶損人格的事情。所以對於中國學生將來，實有莫大的希望。

再者，諸君在國外有數十同國的學生，時相晤聚，甚為難得。無論所學科目不同，所居地位不同，或所操言語不同，要之大家須彼此愛護。有從國外來，不能說國語的，國內來的同學，可以幫助他們。互相親愛，互相原諒。這也是很禱祝的一件事。

（于世秀記）

1922.10.02

1922.10.06

據

《北京大學日刊》

北京大學一九二二年
開學日演說詞

今天是本校第二十五年開學日。本校的宗旨，每年開學時候總說一遍，就是「為學問而求學問」。這個宗旨的說明，舊學生當然屢次聽過，新學生也許在印刷品上看到，不用多講了。現在我把學校給學生研究學問的機會略說一說。

研究學問，要有基礎。預科就是確定基礎的時代。我們為改良預科起見，特組織一個預科委員會。不但課程有點改變，就是管理上也特別注意；把宿舍劃出一部分讓給新生，給他們便於自修自治。本校沒有力量建築廣大的宿舍，使全體學生都住在宿舍裏，實是一件憾事。但本年已添設了第四宿舍，並為女生設一宿舍，其餘只可逐漸設法了。

為研究學問計，最要的是實驗室。在這經濟最困難的時候，我們勉強騰出幾萬元，增設物理、化學、地質各系的儀器標本，並修理實驗室、陳列室，現在第二院已有與前不同之狀。

為研究學問計，最普遍的是圖書館。近年雖陸續增購新書，但為數尚屬有限；雖有建築適宜圖書館的計劃，而至今尚不能實現。美洲各處的北大同學會，募捐甚力，時有報告，載諸《日刊》。若在國內同樣進行，必有成功的一日。

年來大家對於體育都很注意。不過由學生自組的體育會，成績還不很昭著。從今年上半年起，漸改由學校組織。現分為學生軍與體操兩部。學生軍一部，已請富有軍事智識的蔣百里先生擔任導師；體操一部擬請由美洲新回來之周思忠先生擔任。無論哪系學生，此兩部中必須認定一部，作為必修的工課；均需用心練習，不能敷衍了事。

科學的研究，固是本校的主旨；而美術的陶養，也是不可少的。本校原有書法、畫法、音樂等研究會，但因過於放任，成績還不很好。今年改由學校組織，分作兩部：

一、音樂傳習所，請蕭友梅先生主持。二、造形美術研究會。擬請錢稻孫先生主持。除規定課程外，每星期要有一次音樂演奏會與美術展覽會，以引起同學審美的興味。

為畢業生再求進步計，更設研究所。現在已設立者為國學門，一年以來，校勘《太平御覽》，已將竣。把歷史博物館所藏的清代內閣檔案，漸漸整理出來。其較有價值的，已在《日刊》宣佈。又承羅叔蘊、王靜庵兩先生允任導師。對於古物學，將積極進行，保存搜集，都是現在必要的任務。至於自然科學、社會科學、文學等三種研究所，我們也要預備起來。

至於研究學問，當然要有專門教員的指導。本校又新聘教員幾位，當為諸生介紹。又適值本校名譽博士芮恩施先生來京，本日允到校演說，尤是同人所歡迎的。

1925

據
影印手跡

北京大學民國十四年
哲學系級友會紀念刊題詞

知之為知之，不知為不知，是知也。

哲學在我國古書本名為道學。今日哲學者，希臘語斐羅梭斐之譯文。其原義為愛智。故哲學家不忌懷疑而忌武斷，不妨有所不知，而切不可強不知以為知。願以孔子之言，與哲學系諸同學共勉之。因題諸民國十四年哲學系級友會紀念刊。

蔡元培

1929.11.20

1929

據

《國立北京大學卅一周年紀念刊》

《北京大學卅一周年紀念刊》序

北京大學，到現在有三十一年的歷史了。這三十一年內，名稱改了幾次；內容與外延的廣狹，改了幾次；學風改了幾次。到了第三十一年，在黨治之下，值教育部新改大學條例，又值北大的名稱與關係屢次改變，而終於恢復。自此以後，又將有一時期可以專心致志於按部就班的進展，而不致輕易搖動。但我以為北大同人，若要維持不易動搖的狀態，至少應注意兩點：

（一）**要去盡虛榮心，而發起自信心**　有一部分的人，好引過去的歷史北大的光榮，尤以五四一役為口頭禪；不知北大過去中差強人意之舉，半由於人才之集中，半亦由於地位之特別。蓋當時首都僅有此惟一之國立大學，故於不知不覺中當艱難之衝，而隱隱然取得領袖之資格，而所謂貪天功以為己力之嫌疑，亦即由此而起。今則

首都既已南遷。一市之中,大學林立,一國之中,大學更林立。北大不過許多大學中的一校,決不宜狃於已往的光榮,妄自尊大。要有日進無疆的自信心,不憑藉何等地位,而自能嶄然露頭角。

(二) 要以學術為惟一之目的,而不要想包辦一切 從前,在腐敗政府之下,服務社會者又不可多得,自命為知識階級的大學,不得不事事引為己任。若就求學的目的說起來,犧牲未免太多,然在責無旁貸的時期,即亦無可如何。今則政府均屬同志,勉為其難;宣傳黨義、運動民眾等事,又已有黨部負了專責。我們正好乘黨政重任尚未加肩的時候,多做點預備的功夫,就是多做點學術上的預備。若此刻早已分心他事,荒棄學業,他日重任加身,始發不學無術的悔恨,就無及了。所以應守分工的例,不想包辦一切,而專治學術。

若全校同人均能瞭解這兩點,則北大的進步,將無限量。否則抱萬能之願,而無一得之擅,前途就可想而知。願這次參與北大三十一周年紀念諸君,要深切的注意。

中華民國十八年十一月二十日

蔡元培

1934.01.01

1934.01.01
據
《東方雜誌》
第 31 卷第 1 號

我 在 北 京 大 學 的 經 歷

　　北京大學的名稱，是從民國元年起的。民元以前，名為京師大學堂，包有師範館、仕學館等，而譯學館亦為其一部。我在民元前六年，曾任譯學館教員，講授國文及西洋史，是為我在北大服務之第一次。

　　民國元年，我長教育部，對於大學有特別注意的幾點：一、大學設法、商等科的，必設文科；設醫、農、工等科的，必設理科。二、大學應設大學院（即今研究院），為教授、留校的畢業生與高級學生研究的機關。三、暫定國立大學五所，於北京大學外，再籌辦大學各一所於南京、漢口、四川、廣州等處。（爾時想不到後來各省均有辦大學的能力。）四、因各省的高等學堂，本仿日本制，為大學預備科，但程度不齊，於入大學時發生困難，乃廢止

高等學堂，於大學中設預科。（此點後來為胡適之先生等所非難，因各省既不設高等學堂，就沒有一個薈萃較高學者的機關，文化不免落後；但自各省競設大學後，就不必顧慮了。）

是年，政府任嚴幼陵君 (1) 為北京大學校長。兩年後，嚴君辭職，改任馬相伯君。不久，馬君又辭，改任何錫侯君，不久又辭，乃以工科學長胡次珊君代理。民國五年冬，我在法國，接教育部電，促回國，任北大校長。我回來，初到上海，友人中勸不必就職的頗多，說北大太腐敗，進去了，若不能整頓，反於自己的聲名有礙。這當然是出於愛我的意思。但也有少數的說，既然知道他腐敗，更應進去整頓，就是失敗，也算盡了心。這也是愛人以德的說法。我到底服從後說，進北京。

我到京後，先訪醫專校長湯爾和君，問北大情形。他說：「文科預科的情形，可問沈尹默君；理工科的情形，可問夏浮筠君。」湯君又說：「文科學長如未定，可請陳仲甫君。陳君現改名獨秀，主編《新青年》雜誌，確可為青年的指導者。」因取《新青年》十餘本示我。我對於陳君，

(1) 嚴幼陵君：嚴復（1853–1921），字幼陵，近代啟蒙思想家、翻譯家。北京大學第一任校長。

本來有一種不忘的印象，就是我與劉申叔君(2)同在《警鐘日報》服務時，劉君語我：「有一種在蕪湖發行之白話報，發起的若干人，都因困苦及危險而散去了，陳仲甫一個人又支持了好幾個月。」現在聽湯君的話，又翻閱了《新青年》，決意聘他。從湯君處探知陳君寓在前門外一旅館，我即往訪，與之訂定。於是陳君來北大任文科學長，而夏君原任理科學長，沈君亦原任教授，一仍舊貫；乃相與商定整頓北大的辦法，次第執行。

我們第一要改革的，是學生的觀念。我在譯學館的時候，就知道北京學生的習慣。他們平日對於學問上並沒有甚麼興會，只要年限滿後，可以得到一張畢業文憑。教員是自己不用功的，把第一次的講義，照樣印出來，按期分散給學生，在講壇上讀一遍，學生覺得沒有趣味，或瞌睡，或看看雜書，下課時，把講義帶回去，堆在書架上。等到學期、學年或畢業的考試，教員認真的，學生就拼命的連夜閱讀講義，只要把考試對付過去，就永遠不再去翻一翻了。要是教員通融一點，學生就先期要求教員告知他要出的題目，至少要求表示一個出題目的範圍；教員為避

---

(2) 劉申叔君：即劉師培。

免學生的懷恨與顧全自身的體面起見，往往把題目或範圍告知他們了。於是他們不用功的習慣，得了一種保障了。尤其北京大學的學生，是從京師大學堂老爺式學生嬗繼下來（初辦時所收學生，都是京官，所以學生都被稱為老爺，而監督及教員都被稱為中堂或大人）。他們的目的，不但在畢業，而尤注重在畢業以後的出路。所以專門研究學術的教員，他們不見得歡迎。要是點名時認真一點，考試時嚴格一點，他們就借個話頭反對他，雖罷課也所不惜。若是一位在政府有地位的人來兼課，雖時時請假，他們還是歡迎得很，因為畢業後可以有闊老師做靠山。這種科舉時代遺留下來劣根性，是於求學上很有妨礙的。所以我到校後第一次演說，就說明：「大學學生，當以研究學術為天職，不當以大學為升官發財之階梯。」然而要打破這些習慣，止有從聘請積學而熱心的教員着手。

那時候因《新青年》上文學革命的鼓吹，而我們認識留美的胡適之君，他回國後，即請到北大任教授。胡君真是「舊學邃密」而且「新知深沉」的一個人，所以一方面與沈尹默、兼士兄弟，錢玄同、馬幼漁、劉半農諸君以新

方法整理國故，一方面整理英文系。因胡君之介紹而請到的好教員，頗不少。

我素信學術上的派別是相對的，不是絕對的；所以每一種學科的教員，即使主張不同，若都是「言之成理、持之有故」的，就讓他們並存，令學生有自由選擇的餘地。最明白的是胡適之君與錢玄同君等絕對的提倡白話文學，而劉申叔、黃季剛諸君仍極端維護文言的文學；那時候就讓他們並存。我信為應用起見，白話文必要盛行，我也常常作白話文，也替白話文鼓吹；然而我也聲明：作美術文，用白話也好，用文言也好。例如我們寫字，為應用起見，自然要寫行楷，若如江艮庭君 (3) 的用篆隸寫藥方，當然不可；若是為人寫斗方或屏聯，作裝飾品，即寫篆隸章草，有何不可？

那時候各科都有幾個外國教員，都是托中國駐外使館或外國駐華使館介紹的，學問未必都好，而來校既久，看了中國教員的闌珊，也跟了闌珊起來。我們斟酌了一番，辭退幾人，都按着合同上的條件辦的。有一法國教員要控告我，有一英國教習竟要求英國駐華公使朱爾典來同我談

---

(3) 江艮庭君：江艮庭，清朝名醫，喜歡寫篆字，他每次為人治病時，總是要用篆字來寫藥方，藥店的人都看不懂。

判，我不答應。朱爾典出去後，說：「蔡元培是不要再做校長的了。」我也一笑置之。

我從前在教育部時，為了各省高等學堂程度不齊，故改為各大學直接的預科。不意北大的預科，因歷年校長的放任與預科學長的誤會，竟演成獨立的狀態。那時候預科中受了教會學校的影響，完全偏重英語及體育兩方面；其他科學比較的落後，畢業後若直升本科，發生困難。預科中竟自設了一個預科大學的名義，信箋上亦寫此等字樣。於是不能不加以改革，使預科直接受本科學長的管理，不再設預科學長。預科中主要的教課，均由本科教員兼任。

我沒有本校與他校的界限，常為之通盤打算，求其合理化。是時北大設文、理、工、法、商五科，而北洋大學亦有工、法兩科。北京又有一工業專門學校，都是國立的。我以為無此重復的必要，主張以北大的工科併入北洋，而北洋之法科，刻期停辦。得北洋大學校長同意及教育部核准，把土木工與礦冶工併到北洋去了。把工科省下來的經費，用在理科上。我本來想把法科與法專併成一科，專授法律，但是沒有成功。我覺得那時候的商科，毫

無設備，僅有一種普通商業學教課，於是併入法科，使已有的學生畢業後停止。

我那時候有一個理想，以為文、理兩科，是農、工、藥、法、商等應用科學的基礎，而這些應用科學的研究時期，仍然要歸到文、理兩科來。所以文、理兩科，必須設各種的研究所；而此兩科的教員與畢業生必有若干人是終身在研究所工作，兼任教員，而不願往別種機關去的。所以完全的大學，當然各科並設，有互相關聯的便利。若無此能力，則不妨有一大學專辦文、理兩科，名為本科；而其他應用各科，可辦專科的高等學校，如德、法等國的成例，以表示學與術的區別。因為北大的校舍與經費，決沒有兼辦各種應用科學的可能，所以想把法律分出去，而編為本科大學；然沒有達到目的。

那時候我又有一個理想，以為文、理是不能分科的。如文科的哲學，必植基於自然科學；而理科學者最後的假定，亦往往牽涉哲學。從前心理學附入哲學，而現在用實驗法，應列入理科；教育學與美學，也漸用實驗法，有同一趨勢。地理學的人文方面，應屬文科，而地質地文等方

面屬理科。歷史學自有史以來，屬文科，而推原於地質學的冰期與宇宙生成論，則屬理科。所以把北大的三科界限撤去而列為十四系，廢學長，設系主任。

我素來不贊成董仲舒罷黜百家、獨尊孔氏的主張。清代教育宗旨有「尊孔」一款，已於民元在教育部宣佈教育方針時說他不合用了。到北大後，凡是主張文學革命的人，沒有不同時主張思想自由的；因而為外間守舊者所反對。適有趙體孟君以編印明遺老劉應秋先生遺集，貽我一函，屬約梁任公 (4)、章太炎、林琴南諸君品題。我為分別發函後，林君復函，列舉彼對於北大懷疑諸點；我復一函，與他辯。這兩函頗可窺見那時候兩種不同的見解。

這兩函雖僅為文化一方面之攻擊與辯護，然北大已成為眾矢之的，是無可疑了。越四十餘日，而有五四運動。我對於學生運動，素有一種成見，以為學生在學校裏面，應以求學為最大目的，不應有何等政治的組織。其有年在二十歲以上，對於政治有特殊興趣者，可以個人資格參加政治團體，不必牽涉學校。所以民國七年夏間，北京各校學生，曾為外交問題，結隊遊行，向總統府請願；當北大

---

(4) 梁任公：梁啟超（1873-1929），字卓如，一字任甫，號任公，又號飲冰室主人。清朝光緒年間舉人，中國近代思想家、政治家、教育家、史學家、文學家。

學生出發時，我曾力阻他們，他們一定要參與；我因此引咎辭職。經慰留而罷。到八年五月四日，學生又有不簽字於巴黎和約與罷免親日派曹、陸、章的主張，仍以結隊遊行為表示，我也就不去阻止他們了。他們因憤激的緣故，遂有焚曹汝霖住宅及攢毆章宗祥的事，學生被警廳逮捕者數十人，各校皆有，而北大學生居多數；我與各專門學校的校長向警廳力保，始釋放。但被拘的雖已保釋，而學生尚抱再接再厲的決心，政府亦且持不做不休的態度。都中喧傳政府將明令免我職而以馬其昶君任北大校長，我恐若因此增加學生對於政府的糾紛，我個人且將有運動學生保持地位的嫌疑，不可以不速去。乃一面呈政府，引咎辭職，一面秘密出京，時為五月九日。

那時候學生仍每日分隊出去演講，政府逐隊逮捕，因人數太多，就把學生都監禁在北大第三院。北京學生受了這樣大的壓迫，於是引起全國學生的罷課，而且引起各大都會工商界的同情與公憤，將以罷工、罷市為同樣之要求。政府知勢不可侮，乃釋放被逮諸生，決定不簽和約，罷免曹、陸、章，於是五四運動之目的完全達到了。

　　五四運動之目的既達，北京各校的秩序均恢復，獨北大因校長辭職問題，又起了多少糾紛。政府曾一度任命胡次珊君繼任，而為學生所反對，不能到校；各方面都要我復職。我離校時本預定決不回去，不但為校務的困難，實因校務以外，常常有許多不相干的纏繞，度一種勞而無功的生活，所以啓事上有「殺君馬者道旁兒 (5)；民亦勞止，汔可小休；我欲小休矣」等語。但是隔了幾個月，校中的糾紛，仍在非我回校不能解決的狀態中，我不得已，乃允回校。回校以前，先發表一文，告北京大學學生及全國學生聯合會，告以學生救國，重在專研學術，不可常為救國運動而犧牲。到校後，在全體學生歡迎會演說，說明德國大學學長、校長均每年一換，由教授會公舉，校長且由神學、醫學、法學、哲學四科之教授輪值，從未生過糾紛，完全是教授治校的成績。北大此後亦當組成健全的教授會，使學校決不因校長一人的去留而起恐慌。

　　那時候蔣夢麟君已允來北大共事，請他通盤計劃，設立教務、總務兩處；及聘任、財務等委員會，均以教授為委員。請蔣君任總務長，而顧孟餘君任教務長。

---

(5) 殺君馬者道旁兒：一個賽馬的人，因聽到路旁的人歡呼拍手叫好，拼命鞭策迫馬跑，結果把馬跑到累死為止。所以，殺馬者，是路旁看熱鬧的人。

北大關於文學、哲學等學系，本來有若干基本教員，自從胡適之君到校後，聲應氣求，又引進了多數的同志，所以興會較高一點。預定的自然科學、社會科學、文學、國學四種研究所，止有國學研究所先辦起來了。在自然科學與社會科學方面，比較的困難一點。自民國九年起，自然科學諸系，請到了丁巽甫、顏任光、李潤章諸君主持物理系，李仲揆君主持地質系。在化學系本有王撫五、陳聘丞、丁庶為諸君，而這時候又增聘程寰西、石蘅青諸君。在生物學系本已有鍾憲鬯君在東南西南各省搜羅動植物標本，有李石曾君講授學理，而這時候又增聘譚仲逵君。於是整理各系的實驗室與圖書室，使學生在教員指導之下，切實用功；改造第二院禮堂與庭園，使合於講演之用。在社會科學方面，請到王雪艇、周鯁生、皮皓白諸君；一面誠意指導提起學生好學的精神，一面廣購圖書雜誌，給學生以自由考索的工具。丁巽甫君以物理學教授兼預科主任，提高預科程度。於是北大始達到各系平均發展的境界。

我是素來主張男女平等的。九年，有女學生要求進校，以考期已過，姑錄為旁聽生。及暑假招考，就正式招

收女生。有人問我：「兼收女生是新法，為甚麼不先請教育部核准？」我說：「教育部的大學令，並沒有專收男生的規定；從前女生不來要求，所以沒有女生；現在女生來要求，而程度又夠得上，大學就沒有拒絕的理。」這是男女同校的開始，後來各大學都兼收女生了。

我是佩服章實齋 (6) 先生的。那時候國史館附設在北大，我定了一個計劃，分徵集、纂輯兩股；纂輯股又分通史、民國史兩類；均從長編入手。並編歷史辭典。聘屠敬山、張蔚西、薛闌仙、童亦韓、徐貽孫諸君分任徵集編纂等務。後來政府忽又有國史館獨立一案，別行組織。於是張君所編的民國史，薛、童、徐諸君所編的辭典，均因篇帙無多，視同廢紙；止有屠君在館中仍編他的蒙兀兒史，躬自保存，沒有散失。

我本來很注意於美育的，北大有美學及美術史教課，除中國美術史由葉浩吾君講授外，沒有人肯講美學。十年，我講了十餘次，因足疾進醫院停止。至於美育的設備，曾設書法研究會，請沈尹默、馬叔平諸君主持。設畫法研究會，請賀履之、湯定之諸君教授國畫；比國楷次君

---

(6) 章實齋：章學誠（1738–1801），字實齋。清代史學家、思想家。

教授油畫。設音樂研究會，請蕭友梅君主持。均聽學生自由選習。

我在愛國學社時，曾斷髮而習兵操，對於北大學生之願受軍事訓練的，常特別助成；曾集這些學生，編成學生軍，聘白雄遠君任教練之責，亦請蔣百里、黃膺白諸君到場演講。白君勤懇而有恆，歷十年如一日，實為難得的軍人。

我在九年的冬季，曾往歐美考察高等教育狀況，歷一年回來。這期間的校長任務，是由總務長蔣君代理的。回國以後，看北京政府的情形，日壞一日，我處在與政府常有接觸的地位，日想脫離。十一年冬，財政總長羅鈞任君忽以金佛郎問題被逮，釋放後，又因教育總長彭允彝君提議，重復收禁。我對於彭君此舉，在公議上，認為是蹂躪人權獻媚軍閥的勾當；在私情上，羅君是我在北大的同事，而且於考察教育時為最密切的同伴，他的操守，為我所深信，我不免大抱不平，與湯爾和、邵飄萍、蔣夢麟諸君會商，均認有表示的必要。我於是一面遞辭呈，一面離京。隔了幾個月，賄選總統的佈置，漸漸的實現；而要

求我回校的代表，還是不絕，我遂於十二年七月間重往歐洲，表示決心；至十五年，始回國。那時候，京津間適有戰爭，不能回校一看。十六年，國民政府成立，我在大學院，試行大學區制，以北大劃入北平大學區範圍，於是我的北京大學校長的名義，始得取消。

綜計我居北京大學校長的名義，十年有半；而實際在校辦事，不過五年有半，一經回憶，不勝慚悚。

學生篇

1920.05

1920.05
據
《新教育》
第 2 卷第 5 期

去年五月四日以來的
回顧與今後的希望

　　去年五月四日，是學生界發生絕大變化的第一日。一轉瞬間，已經過了一年了。我們回想，自去年五四運動以後，一般青年學生，抱着一種空前的奮鬥精神，犧牲他們的可寶貴的光陰，忍受多少的痛苦，下種種警覺國人的功夫。這些努力，已有成效可觀。維爾賽對德和約（1），我國大多數有知識的國民，本來多認為我國不應當屈服，但是因為學生界先有明顯的表示，所以各界才繼續加入，一直促成拒絕簽字的結果。政府應付外交問題，利用國民公意作後援，這是第一次。到去年年底的時候，日本人要求我們政府同他直接交涉山東問題，也是一半靠着學生界運動拒絕，所以直接交涉，到今日還沒有成了事實。一年以來，因為學生有了這種運動，各界人士也都漸漸知道注

---

(1) 維爾賽對德和約：即凡爾賽和約，是第一次世界大戰後，戰勝國對戰敗國的和約。

意國家的重要問題。這個影響實在不小。學生界除了對於政治的表示以外，對於社會也有根本的覺悟。他們知道政治問題的後面，還有較重要的社會問題，所以他們努力實行社會服務，如平民學校、平民講演，都一天比一天發達。這些事業，實在是救濟中國的一種要着。況且他們從事這種事業，可以時時不忘作人表率的責任，因此求學更要勉力。他們和平民社會直接接觸，更是增進閱歷的一個好機會。這是於公於私，兩有益的。但是學生界的運動，雖然得了這樣的效果，他們的損失，卻也不小。人人都知道罷工、罷市損失很大，但是罷課的損失還要大。全國五十萬中學以上的學生，罷了一日課，減少了將來學術上的效能，當有幾何？要是從一日到十日，到一月，他的損失，還好計算麼？況且有了罷課的話柄，就有懶得用功的學生，常常把這句話作為運動的目的，就是不罷課的時候除了若干真好學的學生以外，普通的就都不能安心用功。所以從罷課的問題提出以後，學術上的損失，實已不可限量。至於因群眾運動的緣故，引起虛榮心、倚賴心，精神上的損失，也着實不小。然總沒有比罷課問題的重要。

　　就上頭所舉的功效和損失比較起來，實在是損失的分量突過功效。依我看來，學生對於政治的運動，只是喚醒國民注意。他們運動所能收的效果，不過如此，不能再有所增加了。他們的責任，已經盡了。現在一般社會也都知道政治問題的重要，到了必要的時候，他們也會對付的，不必要學生獨擔其任。現在學生方面最要緊的是專心研究學問。試問現在一切政治社會的大問題，沒有學問，怎樣解決？有了學問，還恐怕解決不了嗎？所以我希望自這周年紀念日起，前程遠大的學生，要徹底覺悟：以前的成效萬不要引以為功，以前的損失，也不必再作無益的愧悔。「從前種種譬如昨日死，以後種種譬如今日生。」打定主意，無論何等問題，決不再用「自殺」的罷課政策。專心增進學識，修養道德，鍛鍊身體。如有餘暇，可以服務社會，擔負指導平民的責任，預備將來解決中國的 ── 現在不能解決的 ── 大問題，這就是我對於今年五月四日以後學生界的希望了。

1921.02.25

1921.02.25

據

《北京大學日刊》

對於學生的希望

我於貴省學生界情形不甚熟悉，我所知者為北京學生界情形，各地想也大同小異。今天到此和諸君說話，便以所知之情形，加以推想，貢獻諸君。

五四運動以來，全國學生界空氣為之一變。許多新現象、新覺悟，都於五四以後發生，舉其大者，共得四端。

一、自己尊重自己

吾國辦學二十年，猶是從前的科舉思想，熬上幾個年頭，得到文憑一紙，實是從前學生的普通目的。自己的成績好不好，畢業後中用不中用，一概不問。平日荒嬉既多，一臨考試，或抄襲課本，或打聽題目，或請劃範圍，目的只圖敷衍，騙到一張證書而已，全不打算自己要做一

個甚麼樣人，自己和人類社會有何關係。「五四」以前之學生情形，恐怕有大多數是這樣的。

「五四」以後不同了。原來五四運動也是社會的各方面醞釀出來的。政治太腐敗，社會太齷齪，學生天良未泯，便忍耐不住了。蓄之已久，迸發一朝，於是乎有五四運動。從前的社會很看不起學生，自有此運動，社會便重視學生了。學生亦頓然瞭解自己的責任，知道自己在人類社會佔何種位置，因而覺得自身應該尊重，於現在及將來應如何打算，一變前此荒嬉暴棄的習慣，而發生一種向前進取、開拓自己運命的心。

二、化孤獨為共同

「各人自掃門前雪，不管他人瓦上霜」，是中國古人的座右銘，也就是從前學生界的座右銘。從前的好學生，於自己以外，大半是一概不管，純守一種獨善其身的主義。五四運動而後，自己與社會發生了交涉，同學彼此間也常須互助，知道單是自己好，單是自己有學問有思想不行，如想做事真要成功，目的真要達到，非將學問思想推及於

自己以外的人不可。於是同志之連絡，平民之講演，社會各方面之誘掖指導，均為最切要的事，化孤獨的生活為共同的生活，實是「五四」以後學生界的一個新覺悟。

三、對自己學問能力的切實瞭解

從前學生，對於自己的學問有用無用，自己的能力哪處是長、哪處是短，簡直不甚瞭解，不及自覺。「五四」以後，自己經過了種種困難，於組織上、協同上、應付上，以自己的學問和能力向新舊社會做了一番試驗，頓然覺悟到自己學問不夠，能力有限。於是一改從前滯鈍昏沉的習慣，變為隨時留心、遇事注意的習慣了，家庭啦，社會啦，國家啦，世界啦，都變為充實自己學問、發展自己能力的材料。這種新覺悟，也是「五四」以後才有的。

四、有計劃的運動

從前的學生，大半是沒有主義的，也沒有甚麼運動。五四以後，又經過各種失敗，乃知集合多數人做事，是很不容易的，如何才可以不至失敗，如何才可以得到各方面

的同情，如何組織，如何計劃，均非事先籌度不行。又知群眾運動在某種時候雖屬必要，但決不可輕動，不合時機，不經組織，沒有計劃的運動，必然做不成功。這種覺悟，也是到五四以後才有的。於此分五端的進行：

（一）**自動的求學**　在學校不能單靠教科書和教習，講堂功課固然要緊，自動自習，隨時注意自己發見求學的門徑和學問的興趣，更為要緊。

（二）**自己管理自己的行為**　學生對於社會，已經處於指導的地位。故自己的行為，必應好生管理。有些學生不喜教職員管理，自己卻一意放縱，做出種種壞行。我意不要人家管理，能夠自治，是好的。不要管理，自便放縱，是不好的。管理規則、教室規則等，可以不要，但要能夠自守秩序。總要辦到不要規則而其收效仍如有規則時或且過之才好，平民主義不是不守秩序，羅素是主張自由最力的人，也說自由與秩序並不相妨。我意最好由學生自定規則，自己遵守。

（三）**平等及勞動觀念**　朋友某君和我說：「學生倡言要與教職員平等，但其使令工役，橫眼厲色，又儼然以主

人自居，以奴隸待人」。我友之言，係指從前的學生，我意學生先要與工役及其他知識低於自己的人講求平等，然後遇教職員之以不平等待己者，可以不答應他。近人盛倡勤工儉學，主張一邊讀書，一邊做工。我意校中工作，可以學生自為。終日讀書，於衞生上也有妨礙。凡吃飯不做事專門暴殄天物的人，是吾們所最反對的。脫爾斯太 (1) 主張泛勞動主義。他自製衣履，自作農工，反對太嚴格的分工，吾願學生於此加以注意。

（四）注意美的享樂　近來學生多有為麻雀、撲克或閱惡劣小說等不正當之消遣，此固原因於其人之不悅學。尤以社會及學校無正當之消遣，為主要原因。甚有生趣索然，意興無聊，因而自殺者。所以吾人急應提倡美育，使人生美化，使人的性靈寄託於美，而將憂患忘卻。於學校中可實現者，如音樂、圖畫、旅行、遊戲、演劇等，均可去做，以之代替不好的消遣。但切不要拘泥，只隨人意興所到，適情便可。如音樂一項，笛子、胡琴都可。大家看看文學書，唱唱詩歌，也可以悅性怡情。單獨沒有興會，總要有幾個人以上共同享樂，學校中要常有此種娛樂的組

---

(1) 脫爾斯太：通譯為托爾斯泰（Tolstoy, 1828-1910），小說家、哲學家、政治思想家，也是非暴力的基督教無政府主義者和教育改革家。

織。有此種組織，感情可以調和，同學間不好的意見和爭執，也要少些了。人是感情的動物，感情要好好涵養之，使活潑而得生趣。

（五）社會服務　社會一般的知識程度不進，各種事業的設施，均感痛苦。「五四」以來，學生多組織平民學校，教失學的人以普通知識及職業，是一件極好的事。吾見北京每一校有二三百人者，有千人者，甚可樂觀。國家辦教育，人才與財力均難，平民學校不費特別的人才與財力，而可大收教育之效，故是一件很好的事。又有平民講演，用講演的形式與平民以知識，也是一件好事。又調查社會情形，甚為要緊。吾國沒有統計，以致諸事無從根據計劃，要講平民主義，要有真正的群眾運動，宜從各種細小的調查做起。此次北方旱災，受饑之民，至三千多萬。賑災籌款，須求引起各方的同情，北京學生聯合會乃思得一法，即調查各地災狀，用文字或照片描繪各種災情，發表出來，藉以引起同情。吾出京時，正值學生分組出發，十人一組。即此一宗，可見調查之關係重要。

我以上所講，是普通的。最後對於湖南學生諸君，尚有二事，須特別說一說：

一、學生參與教務會議問題

吾在京時，即聽見人說湖南學生希望甚高，要求亦甚大，有欲參與學校教務會議之事。吾於學生自治，甚表贊同，惟參與教務會議，以為未可，其故因學校教職員對於校務是負專責的，是時時接洽的。若參入不接洽又不負責任的學生，必不免紛擾。北大學生也曾要求加入評議會，後告以難於辦到的理由，他們亦遂中止了。

二、廢止考試問題

湖南學生有反對試驗之事。吾亦覺得試驗有好多壞處。吾友湯爾和先生曾有文詳論此事，主張廢考，北大高師學生運動廢考甚力。吾對北大辦法，則以要不要證書為准，不要證書者廢止試驗，要證書者仍須試驗。

吾意學生對於教職員，不宜求全責備，只要教職員係誠心為學生好，學生總宜原諒他們。現在是青黃不接時代，很難得品學兼備的人才呵。吾只希望學生能有各方面的瞭解和覺悟，事事為有意識的有計劃的進行，就好極了。

1927.03.12

1927.03.12
據
《知難周刊》
第 2 期

讀書與救國

—— 在杭州之江大學演說詞

今天承貴校校長費博士介紹，得來此參觀，引為非常的榮幸！貴校的創設，有數十年的悠久歷史，內中一切規模設備，甚是完美。不用說，這個學校是我們浙江惟一的最高學府。青年學子不必遠離家鄉，負笈千里，即可求得高深學問，這可不是我們浙江青年的幸福嗎！

我看貴校的編制，分文、理二科，這正合西洋各大學以文、理為學校基本學科的本旨。我們大家曉得，攻文學的人，不獨要在書本子裏探討，還當受大自然的陶熔。是以求學的環境，非常重要。請看英國牛津大學和美國哥倫比亞大學，他們都設在城外風景佳絕之地。因此，這兩個學校裏產出的文學巨子，亦較別校為多。貴校的校址，負

山帶河，面江背湖，空氣固是新鮮，風景更屬美麗。諸位求學於如此山明水秀之處所，自必興趣叢生，收事半功倍之效。所以我很希望你們當中學文科的人，能多多造成幾位東方之文學泰斗。

印度文明，太偏重於理想，不適合於二十世紀的國家。現在是科學競爭時代，物質萬能時代，世界上的強國，無不是工業興隆，對於聲光化電的學問，研究得至微至細的。甚麼電燈啦、電報啦、輪船啦、火車啦，這些有利人類的一切發明，皆外人貢獻的。我們中國就是本着古禮「來而不往，非禮也」的公式，也該有點發明，與世界各國相交換才是。這個責任，我希望貴校學理科的諸位，能自告奮勇地去擔負起來。

現在國內一般人們，對於收回教育權的聲浪，皆呼得非常之高，而我則以為這個時期還沒到。試問國立的幾所少數學校，是否能完全容納中國的學生，而使之無向隅之憾呢？中國目下的情形，是需要人才的時候，不應該拘執於微末之爭。至於教會學校的學生，對於愛國運動很少參加，便是無愛國的熱忱，這個見解更是錯了。學生在

求學時期，自應惟學是務，朝朝暮暮，自宜在書本子裏用功夫。但大家不用誤會，我並不是說學生應完全的不參加愛國運動，總要能愛國不忘讀書，讀書不忘愛國，如此方謂得其要旨。至若現在有一班學生，借着愛國的美名，今日罷課，明天遊行，完全把讀書忘記了，像這樣的愛國運動，是我所不敢贊同的。

我在外國已有多年，並未多見罷課的事情。只有法國一個高等學堂裏，因換一教員，同時有二人欲謀此缺，一新派，一舊派，舊派為保守黨，腦筋舊，所以政府主用新人物，因此相爭，舊派乃聯絡全城的高等學校罷課。當時西人認為很驚奇的一回事。而我國則不然，自「五四」以後，學潮澎湃，日勝一日，罷課遊行，成為司空見慣，不以為異。不知學人之長，惟知探人之短，以致江河日下，不可收拾，言之實堪痛心啊！

總之，救國問題，談何容易，決非一朝一夕空言愛國所可生效的。從前勾踐雪恥，也曾用「十年生聚，十年教訓」的工夫，而後方克遂志。所以我很希望諸位如今在學校裏，能努力研究學術，格外窮理。因為能在學校裏多用

一點工夫,即為國家將來能多辦一件事體。外務少管些,應酬以適環境為是,勿虛擲光陰。宜多多組織研究會,常常在試驗室裏下功夫。他日學成出校,為國效力,胸有成竹,臨事自能措置裕如。一校之學生如是,全國各學校之學生亦如是,那末中國的前途,便自然一天光明一天了。

1930.10

1930.10
據
《現代學生》
月刊創刊號

怎樣才配稱做現代學生

　　一般似乎很可愛的青年男女，住着男女同學的學校，就可以算做現代學生麼？或者能讀點外國文的書，說幾句外國語；或者能夠「信口開河」的談甚麼甚麼主義和甚麼甚麼文學，也就配稱做現代學生麼？我看，這些都是表面的或次要的問題。

　　我以為至少要具備下列三個基本條件，才配稱做現代學生：

　　（一）獅子樣的體力　我國自來把讀書的人叫做文人，本是因為他們所習的為文事的緣故，不料積久這「文人」兩個字和「文弱的人」四個字竟發生了連帶的關係。古時文士於禮、樂、書、數之外，尚須學習射、御，未嘗不寓武於文。不料到後來，被一般野心帝王專以文字章

句愚弄天下儒生，鄙棄武事，把知識階級的體力繼續不斷的摧殘下去；流毒至今，一般讀書人所應有的健康，大都被毀剝了。羸弱的父母，哪能生產康強的兒女！先天上既虞不足，而學校教育，又未能十分注意體格的訓練，後天上也就大有缺陷。所以現時我國的男女青年的體格，雖略較二十年前的書生稍有進步，但比起東、西洋學生壯健活潑、生機勃茂的樣子來，相差真不可以道里計。新近有一位留學西洋多年而回國不久的朋友對我說：他剛從外洋回到上海的時候，在馬路上走，簡直不敢抬頭，因為看見一般孱弱已極、毫無生氣的中國男女，不禁發生恐懼和慚愧的感覺。這位朋友的話，並不是隨便邪說。任何人剛從外國返到中國國境，怕都不免有同樣的印象。這雖是就普通的中國人觀察，但是學校裏的學生也好不了許多。先有健全的身體，然後有健全的思想和事業，這句話無論何人都是承認的，所以學生體力的增進，實在是今日辦教育的生死關鍵。

現今欲求增進中國學生的體力，惟有提倡運動一法。中國廢科舉，辦學校，雖已歷時二十餘年之久，對於體育

一項的設備，太不注意，甚至一個學校連操場、球場都沒有，至於健身房、游泳池等等關於體育上的設備，更說不上了。運動機會既因無「用武地」而減少，所以往往有聰慧勤學的學生，只因體力衰弱的緣故，縱使不患肺病、神經衰弱病及其他痼症而青年夭折，也要受精力不強、活動力減少的影響，不能出其所學貢獻於社會，前途希望和幸福就從此斷遠，這是何等可悲痛的事！

今日的學生，便是明日的社會中堅、國家柱石，這樣病夫式或準病夫式的學生，焉能擔得起異日社會國家的重責！又焉能與外國赳赳武夫的學生爭長比短！就拿本年日本舉行的第九屆遠東運動會而論，我國運動員的成績比起日本來，幾於處處落人後。較可取巧的足球，日本學生已成我勁敵。至於最費體力的田徑賽，則完全沒有我國學生的地位，這又是何等可羞恥的事！

體力的增進，並非一蹴而企。試觀東、西洋學生，自小學以至大學，無一日不在鍛煉陶冶之中。所以他們的青年，無不嗜好運動，興趣盎然。一聞賽球，群起而趨。這種習慣的養成，良非易事。而健全國民的基礎，乃以確

立。這種情形，在初入其國的，嘗誤認為一種狂癖；觀察稍久，方知其影響國本之大。這是我們所應憬然(1)猛省的。

外人以我國度龐大而不自振作，特贈以「睡獅」的怪號。青年們！醒來吧！趕快回復你的「獅子樣的體力」！好與世間健兒，一較好身手；並且以健全的體力，去運用思想，創造事業！

（二）**猴子樣的敏捷**　「敏捷」的意思，簡單說起來就是「快」。在這二十世紀的時代做人，總得要做個「快人」才行。譬如賽跑或游泳一樣，快的居前，不快的便要落後，這是無可避免的結果。我們中國的文化，在二千年前，便已發展到與現今的中國文化程度距離不遠。那時歐洲大陸還是蠻人橫行的時代。至美洲尚草莽未闢，更不用說。然而今日又怎樣呢？歐洲文化的燦爛，吾人既已瞠乎其後，而美洲則更發展迅速。美利堅合眾國立國至今不過一百五十四年，其政治的、經濟的一切發展，竟有「後來居上」之勢。這又是甚麼緣故呢？這固然是美國的環境好，適於建設。而美國人的舉動敏捷，也是他們成功迅速一個最大的原因。吾人試遊於美國的都市，汽車、街車等

---

(1) 憬然：覺悟。

等的風馳電掣不算，就是在大街兩旁道上走路的人，也都是邁往直前，絕少左顧右盼、姍姍行遲，像中國人所常有的樣子，再到他們的工廠或辦事房中去參觀，他們也是快手快腳的各忙各的事體。至於學校裏的學生，無論是在講堂上、操場上、圖書館裏、實驗室裏，一切行動態度，總是敏捷異常，活潑得很。所以他們能夠在一個短時期內，學得多，做得多。將來的成就也自然的多起來了。掉轉頭來看看我國的情形，一般人的行動顢頇(2)，遲緩，姑置勿論；就是學校裏的學生，讀書做事，也大半是一些不靈敏。所以在初中畢業的學生，國文多不能暢所欲言；在大學畢業的學生，未必能看外國文的書籍。這不是由於他們的腦筋遲鈍，實在是由於習慣成自然。所以出了學校以後，做起事來，仍舊不能緊張，「從容不迫」的做下去。西洋人可以一天做完的事，中國人非兩天或三天不能做完。在效率上相差得這樣的多，所成就的事體，自然也就不可同日而語了。

關於這種遲緩的不敏捷的行動，我說是一種習慣，而且這種習慣是由於青年時代養成的，並不是沒有甚麼事

---

(2) 顢頇：⓪ mān hān，形容不明事理，糊裏糊塗。

實上的根據。我們可以用華僑子弟和留學生來做證明：在歐美生長的中國小孩，行動的敏捷，固足與外國小孩相頡頏 (3)；而一般留學生，初到外國的時候，總感覺得處處落人之後，走路沒有人家快，做事沒有人家快，讀書沒有人家快，在課堂上抄筆記也沒有人家寫得快、記得多，苦不堪言；但在這樣環境中吃得苦頭太多了以後，自然而然的一切行動也就漸漸的會變快了。所以留學生回國後一切行動，總比普通一般人要敏捷些。等待他們在百事遲鈍的中國環境裏住的時間稍為長久一點，他們的遲緩的老脾氣，或者也會重新發作的。就拿與人約會或赴宴會做例子，在歐美住留過幾年的人，初回國的時候，大都是很肯遵守時間，按時而到；後來覺得自己到了，他人遲到，也是於事無益，呆坐着等人，還白白糟蹋了寶貴的時間，不如還是從俗罷。但是這種習慣的誤事和不便，是人人所引以為遺憾的。尤其是我們的青年人，應當積極糾正的。

　　青年們呀！現在已經是二十世紀的新時代了！這個時代的特徵就是「快」。你看佈滿了各國大陸的鐵道，浮遍了各國海洋的船艦，肉眼可見的有線電的電線，不可見的

---

(3) 頡頏：粵 xié háng，指不相上下，相抗衡。

無線電的電浪，可以橫渡大西洋而遠征南、北極的飛機，城市地面上馳騁着的街車與汽車，地面下隧道中通行的火車與電車，以及工廠、農場、公事房、家庭中所有的一切機器，哪一件不是為要想達到「快」的目的而設的？況且凡百科學，無不日新月異的在那裏增加發明。我們縱不能自己發明，也得要迎頭趕上去、學上去，這都是非快不為功的。

據進化論的昭示，我們人類由猿猴進化而來。卻是人類在這比較安舒的環境中，行動漸次變了遲鈍，反較猴子略遜一籌，而中國人的顢頇程度更特別的高。以開化最早的資格，現反遠居人後，這是多麼慚愧的事！現在我們的青年，如要想對於求學、做事兩方面，力振頹風，則非學「猴子樣的敏捷」，急起直追不可！

（三）**駱駝樣的精神**　在中國四萬萬同胞中，各人所負責任的重大，恐怕要算青年學生首屈一指了！就中國現時所處的可憐地位和可悲的命運而論，我們幾乎可以說：凡是可擺脫這種地位、挽回這種命運的事情和責任，直接或間接都是要落在學生們的雙肩上。

第一是對於學術上的責任。做學生的第一件事就是讀書。讀書從淺近方面說，是要增加個人的知識和能力，預備在社會上做一個有用的人材；從遠大的方面說，是要精研學理，對於社會國家和人類作最有價值的貢獻。這種責任是何等的重大！讀者要知道一個民族或國家要在世界上立得住腳——而且要光榮的立住——是要以學術為基礎的。尤其是，在這競爭劇烈的二十世紀，更要倚靠學術。所以學術昌明的國家，沒有不強盛的；反之，學術幼稚和知識蒙昧的民族，沒有不貧弱的。德意志便是一個好例證：德人在歐戰時力抗群強，能力固已可驚；大敗以後，曾不十年而又重列於第一等國之林，這豈不是由於他們的科學程度特別優越而建設力強所致麼？我們中國人在世界上原來很有貢獻的——如發明指南針、印刷術、火藥之類——所以現時國力雖不充足，而仍為談世界文化者所重視。不過經過兩千年專制的錮蔽 (4)，學術遂致落伍。試問在現代的學術界，我們中國人對於人類幸福有貢獻的究竟有幾個人呢？無怪人家漸漸的看不起我們了。我們以後要想雪去被人輕視的恥辱，恢復我們固有的光榮；只有從學

---

(4) 錮蔽：⟨粵⟩ gù bì，長期存在的，不易消除的弊病。

術方面努力，提高我們的科學知識，更進一步對世界為一種新的貢獻，這些都是不能不首先屬望於一般青年學子的。

　　第二是對於國家的責任。中國今日，外則強鄰四逼，已淪於次殖民地的地位；內則政治紊亂，民窮財匱，國家的前途實在太危險了。今後想擺脫列強的羈絆，則非急圖取消不平等條約不可。想把國民經濟現狀改良，使一般國能享獨立、自由、富厚的生活，則非使國內政治能上軌道不可。昔范仲淹為秀才時，便以天下為己任，果然有志竟成。現在的學生們，又安可不以國家為己任。

　　第三是對於社會的責任。先有好政治而後有好社會，抑先有好社會而後有好政治。這個問題用不着甚麼爭論的，其實二者是相互影響的，所以學生對於社會也是負有對於政治同等的責任。我們中國的社會，是一個很老的社會，一切組織形式及風俗習慣，大都陳舊不堪，違反現代精神而應當改良。這也是要希望學生們努力實行的。因為一般年紀大一點的舊人物，有時縱然看得出，想得到，而以濡染太久的緣故，很少能徹底改革的。所以關於改良未來的社會一層，青年所負的責任也是很大的。

　　以上所說的各種責任都放在學生們的身上，未免太重一些。不過生在這時的中國學生，是無法避免這些責任的。若不學着「駱駝樣的精神」來「任重致遠」，又有甚麼辦法呢？

　　除開上述三種基本條件而外，再加以「崇好美術的素養」和「自愛」「愛人」的美德，便配稱做現代學生而無愧了。

教育理念篇

1912.02.08

1920
據
《蔡子民先生言行錄》
新潮社編

對於新教育之意見

　　近日在教育部，與諸同人新草學校法令，以為徵集高等教育會議之預備，頗承同志餉以讜論 (1)。顧關於教育方針者殊寡，輒先述鄙見以為嚆引，幸海內教育家是正之。

　　教育有二大別：曰隸屬於政治者，曰超軼乎政治者。專制時代（兼立憲而含專制性質者言之），教育家循政府之方針，以標準教育，常為純粹之隸屬政治者。共和時代，教育家得立於人民之地位，以定標準，乃得有超軼政治之教育。清之季世，隸屬政治之教育，騰於教育家之口者，曰軍國民教育。夫軍國民教育者，與社會主義僢馳 (2)，在他國已有道消之兆。然在我國則強鄰交逼，亟圖自衛，而歷年喪失之國權，非憑藉武力，勢難恢復。且軍人革命以後，難保無軍人執政之一時期，非行舉國皆兵之制，將使

---

(1) 讜論：⑭ dǎng lùn，正直的言論。

(2) 僢馳：⑭ chuǎn chí，背道而馳。

軍人社會，永為全國中特別之階級，而無以平均其勢力。則如所謂軍國民教育者，誠今日所不能不探者也。

雖然，今之世界，所恃以競爭者，不僅在武力，而尤在財力。且武力之半，亦由財力而孳乳 (3)。於是有第二之隸屬政治者，曰實利主義之教育，以人民生計為普通教育之中堅。其主張最力者，至以普通學術，悉寓於樹藝、烹飪、裁縫，及金、木、土工之中。此其說創於美洲，而近亦盛行於歐陸。我國地實不發，實業界之組織尚幼稚，人民失業者至多，而國甚貧。實利主義之教育，固亦當務之急者也。

是二者，所謂強兵富國之主義也。顧兵可強也，然或溢而為私鬥，為侵略，則奈何？國可富也，然或不免知欺愚，強欺弱，而演貧富懸絕，資本家與勞動家血戰之慘劇，則奈何？曰教之以公民道德。何謂公民道德？曰法蘭西之革命也，所標揭者，曰自由、平等、親愛。道德之要旨，盡於是矣。孔子曰：「匹夫不可奪志。」孟子曰：「大丈夫者，富貴不能淫，貧賤不能移，威武不能屈。」自由之謂也。古者蓋謂之義。孔子曰：「己所不欲，勿施於人。」

---

(3) 孳乳：🔊 zī rǔ，滋生繁衍。

子貢曰：「我不欲人之加諸我也，吾亦欲毋加諸人。」《禮記‧大學》曰：「所惡於前，毋以先後；所惡於後，毋以從前；所惡於右，毋以交於左；所惡於左，毋以交於右。」平等之謂也。古者蓋謂之恕。自由者，就主觀而言之也。然我欲自由，則亦當尊人之自由，故通於客觀。平等者，就客觀而言之也。然我不以不平等遇人，則亦不容人之以不平等遇我，故通於主觀。二者相對而實相成，要皆由消極一方面言之。苟不進之以積極之道德，則夫吾同胞中，固有因生稟之不齊，境遇之所迫，企自由而不遂，求與人平等而不能者。將一切恝置 (4) 之，而所謂自由若平等之量，仍不能無缺陷。孟子曰：「鰥寡孤獨，天下之窮民而無告者也。」張子 (5) 曰：「凡天下疲癃殘疾惸獨鰥寡，皆吾兄弟之顛連而無告者也。禹思天下有溺者，由己溺之。稷思天下有飢者，由己飢之。伊尹思天下之人，匹夫匹婦有不與被堯舜之澤者，若己推而納之溝中。」孔子曰：「己欲立而立人，己欲達而達人。」親愛之謂也。古者蓋謂之仁。三者誠一切道德之根源，而公民道德教育之所有事者也。

教育而至於公民道德，宜若可為最終之鵠的 (6) 矣。日

---

(4) 恝置：⊕ jiá zhì，淡然置之，不加理會。

(5) 張子：張載（1020–1077），字子厚。北宋哲學家。

(6) 鵠的：⊕ gǔ dì，目的。

未也。公民道德之教育，猶未能超軼乎政治者也。世所謂最良政治者，不外乎以最大多數之最大幸福為鵠的。最大多數者，積最少數之一人而成者也。一人之幸福，豐衣足食也，無災無害也，不外乎現世之幸福。積一人幸福而為最大多數，其鵠的猶是。立法部之所評議，行政部之所執行，司法部之所保護，如是而已矣。即進而達《禮運》之所謂大道為公，社會主義家所謂未來之黃金時代，人各盡其所能，而各得其所需，要亦不外乎現世之幸福。蓋政治之鵠的，如是而已矣。一切隸屬政治之教育，充其量亦如是而已矣。

雖然，人不能有生而無死。現世之幸福，臨死而消滅。人而僅僅以臨死消滅之幸福為鵠的，則所謂人生者有何等價值乎？國不能有存而無亡，世界不能有成而無毀，全國之民，全世界之人類，世世相傳，以此不能不消滅之幸福為鵠的，則所謂國民若人類者，有何等價值乎？且如是，則就一人而言之，殺身成仁也，捨生取義也，捨己而為群也，有何等意義乎？就一社會而言之，與我以自由乎，否則與我以死，爭一民族之自由，不至瀝全民族最後

之一滴血不已，不合全國為一大家不已，有何等意義乎？
且人既無一死生破利害之觀念，則必無冒險之精神，無遠
大之計劃，見小利，急近功，則又能保其不為失節墮行身
敗名裂之人乎？諺曰：「當局者迷，旁觀者清。」非有出世
間之思想者，不能善處世間事，吾人即僅僅以現世幸福為
鵠的，猶不可無超軼現世之觀念，況鵠的不止於此者乎？

　以現世幸福為鵠的者，政治家也；教育家則否。蓋
世界有二方面，如一紙之有表裏：一為現象，一為實體。
現象世界之事為政治，故以造成現世幸福為鵠的；實體世
界之事為宗教，故以擺脫現世幸福為作用。而教育者則立
於現象世界，而有事於實體世界者也。故以實體世界之觀
念，為其究竟之大目的，而以現象世界之幸福，為其達於
實體觀念之作用。

　然則現象世界與實體世界之區別何在耶？曰：前者
相對，而後者絕對；前者範圍於因果律，而後者超軼乎因
果律；前者與空間時間有不可離之關係，而後者無空間時
間之可言；前者可以經驗，而後者全恃直觀。故實體世界
者，不可名言者也。然而既以是為觀念之一種矣，則不得

不強為之名，是以或謂之道，或謂之太極，或謂之神，或謂之黑暗之意識，或謂之無識之意志。其名可以萬殊，而觀念則一。雖哲學之流派不同，宗教家之儀式不同，而其所到達之最高觀念皆如是。（最淺薄之唯物論哲學，及最幼稚之宗教祈長生求福利者，不在此例。）

然則，教育家何以不結合於宗教，而必以現象世界之幸福為作用？曰：世固有厭世派之宗教若哲學，以提撕實體世界觀念之故，而排斥現象世界。因以現象世界之文明為罪惡之源，而一切排斥之者。吾以為不然。現象實體，僅一世界之兩方面，非截然為互相衝突之兩世界。吾人之感覺，既托於現象世界，則所謂實體者，即在現象之中，而非必滅乙而後生甲。其現象世界間，所以為實體世界之障礙者，不外二種意識：一、人我之差別，二、幸福之營求是也。人以自衞力不平等而生強弱，人以自存力不平等而生貧富。有強弱貧富，而彼我差別之見起。弱者貧者，苦於幸福之不足，而營求之意識起。有人我則於現象中有種種之界劃，而與實體違。有營求則當其未遂，為無已之苦痛。及其既遂，為過量之要索。循環於現象之中，而

與實體隔。能劑其半，則肉體之享受，純任自然，而意識界之營求泯，人我之見亦化。合現象世界各別之意識為渾同，而得與實體吻合焉。故現世幸福，為不幸福之人類到達於實體世界之一種作用，蓋無可疑者。軍國民、實利兩主義，所以補自衛自存力之不足。道德教育，則所以使之互相衛互相存，皆所以泯營求而忘人我者也。由是而進以提撕實體觀念之教育。

提撕實體觀念之方法如何？曰：消極方面，使對於現象世界，無厭棄而亦無執着；積極方面，使對於實體世界，非常渴慕而漸進於領悟。循思想自由言論自由之公例，不以一流派之哲學一宗門之教義梏其心，而惟時時懸一無方體無始終之世界觀以為鵠。如是之教育，吾無以名之，名之曰世界觀教育。

雖然，世界觀教育，非可以旦旦而聒之也。且其與現象世界之關係，又非可以枯槁單簡之言說襲而取之也。然則何道之由？曰美感之教育。美感者，合美麗與尊嚴而言之，介乎現象世界與實體世界之間，而為之津梁 (7)。此為康德所創造，而嗣後哲學家未有反對之者也。在現象世

---

(7) 津梁：渡口上的橋樑，比喻接引或引導之事物。

界，凡人皆有愛、惡、驚、懼、喜、怒、悲、樂之情，隨離合生死禍福利害之現象而流轉。至美術則即以此等現象為資料，而能使對之者，自美感以外，一無雜念。例如探蓮煮豆，飲食之事也，而一入詩歌，則別成興趣。火山赤舌，大風破舟，可駭可怖之景也，而一入圖畫，則轉堪展玩。是則對於現象世界，無厭棄而亦無執着也。人既脫離一切現象相對之感情，而為渾然之美感，則即所謂與造物為友，而已接觸於實體世界之觀念矣。故教育家欲由現象世界而引以到達於實體世界之觀念，不可不用美感之教育。

五者，皆今日之教育所不可偏廢者也。軍國民主義，實利主義，德育主義三者，為隸屬於政治之教育。（吾國古代之道德教育，則間有兼涉世界觀者，當分別論之。）世界觀、美育主義二者，為超軼政治之教育。

以中國古代之教育證之，虞之時，夔典樂而教胄子以九德，德育與美育之教育也。周官以卿三物教萬民，六德六行，德育也。六藝之射御，軍國民主義也。書數，實利主義也。禮為德育，而樂為美育。以西洋之教育證之，希臘人之教育為體操與美術，即軍國民主義與美育也。歐洲

近世教育家，如海爾巴德氏 (8) 純持美育主義。今日美洲之杜威 (9) 派，則純持實利主義者也。

以心理學各方面衡之，軍國民主義毗於意志；實利主義毗於知識；德育兼意志情感二方面；美育毗於情感；而世界觀則統三者而一之。

以教育界之分言三育者衡之，軍國民主義為體育；實利主義為智育；公民道德及美育皆毗於德育；而世界觀則統三者而一之。

以教育家之方法衡之，軍國民主義，世界觀，美育，皆為形式主義；實利主義，為實質主義；德育則二者兼之。

譬之人身，軍國民主義者，筋骨也，用以自衛；實利主義者，胃腸也，用以營養；公民道德者，呼吸機循環機也，周貫全體；美育者，神經系也，所以傳導；世界觀者，心理作用也，附麗於神經系，而無跡象之可求。此即五者不可偏廢之理也。

本此五主義而分配於各教科，則視各教科性質之不同，而各主義所佔之分數，亦隨之而異。國語國文之形式，其依準文法者屬實利，而依準美詞學者，屬美感。其

---

(8) 海爾巴德氏：通譯為赫爾巴特 (1776–1841)，德國哲學家、心理學家和教育家。

(9) 杜威：John Dewey (1859–1952)，美國哲學家和教育家，與皮爾士、詹姆士一起被認為是美國實用主義哲學的重要代表人物。

內容則軍國民主義當佔百分之十，實利主義當佔其四十，德育當佔其二十，美育當佔其二十五，而世界觀則佔其五。

修身，德育也，而以美育及世界觀參之。

歷史、地理，實利主義也。其所敍述，得並存各主義。歷史之英雄，地理之險要及戰績，軍國民主義也；記美術家及美術沿革，寫各地風景及所出美術品，美育也；記聖賢，述風俗，德育也；因歷史之有時期，而推之於無終始，因地理之有涯涘 (10)，而推之於無方體，及夫烈士、哲人、宗教家之故事及遺跡，皆可以為世界觀之導線也。

算學，實利主義也，而數為純然抽象者。希臘哲人畢達哥拉士以數為萬物之原，是亦世界觀之一方面；而幾何學各種線體，可以資美育。

物理化學，實利主義也。原子電子，小莫能破，愛耐而幾（Energy），範圍萬有，而莫知其所由來，莫窮其所究竟，皆世界觀之導線也；視官聽官之所觸，可以資美感者尤多。

博物學，在應用一方面，為實利主義；而在觀感一方面，多為美感。研究進化之階段，可以養道德，體驗造物

---

(10) 涘：ㄙ sì，水邊、岸邊。

之萬能，可以導世界觀。

　圖畫，美育也，而其內容得包含各種主義，如實物劃之於實利主義，歷史劃之於德育是也。其至美麗至尊嚴之對象，則可以得世界觀。

　唱歌，美育也，而其內容，亦可以包含種種主義。

　手工，實利主義也，亦可以興美感。

　遊戲，美育也；兵式體操，軍國民主義也；普通體操，則兼美育與軍國民主義二者。

　上之所著，僅具犖較，神而明之，在心知其意者。

　滿清時代，有所謂欽定教育宗旨者，曰忠君，曰尊孔，曰尚公，曰尚武，曰尚實。忠君與共和政體不合，尊孔與信教自由相違（孔子之學術，與後世所謂儒教、孔教當分別論之。嗣後教育界何以處孔子，及何以處孔教，當特別討論之，茲不贅），可以不論。尚武，即軍國民主義也。尚實，即實利主義也。尚公，與吾所謂公民道德，其範圍或不免有廣狹之異，而要為同意。惟世界觀及美育，則為彼所不道，而鄙人尤所注重，故特疏通而證明之，以質於當代教育家，幸教育家平心而討論焉。

1917.04.29

1920
據
《蔡子民先生言行錄》
新潮社編

中國大學四周年紀念演說詞

今日為中國大學成立四周年紀念之期,又更名紀念會之期,及專門部、中學科舉行畢業式之期,關係最為重要。鄙人不敏,聊貢數言。今日鄙人來此地方,生有一種感想,因中國大學與他校不同,實具有一種特性。此種特性,實與社會及吾人大有關係。

吾人自出生以至於死,可分三時期:第一預備時期,即幼年;第二工作時期,即壯年;第三休息時期,即老年。良以社會既予吾人以大利益,則吾人不可不預備代價,以為交換之具。吾人所受社會之利益,與同人締有債務契約無異。既欠人債,即不能不想還債。故少年預備時期,亦即為少年欠債時期;而工作時期,即為中年還債時期。然吾人一至中年,即距老不遠,故不能不儲蓄,以為

第三期休息之預備。而老年人苟有能力，仍為社會服務，不過不及壯年之多耳，止可謂之半息，而不能謂之全息。嘗見外國之實業家、教育家、著作家，老而治事，至死後已，即此義也。吾人在校肄業，即為預備及欠債時期，畢業即入還債時期矣。專門部諸君，今日畢業，明日在社會即擔任有還債之義務。換言之，即是脫離第一時期，而入第二之工作時期。雖中學科畢業之後，有入大學部或專門部深造者，然亦有在社會作事者。在社會上作事，亦是入於工作時期。故吾人一生，實以第二時期為最重要。然此種工作，亦不能不有預備。此種預備有二：一、材料之預備，如學生之課程是也；二、能力之預備，即以學校為鍛煉吾人體力、腦力之助，又以職教員之訓練及其所授於吾人之模範為修養之助。中國大學職教員，有兩種特性，而又為吾人模範者：

一、**堅忍心，如學科之編制及經費之籌備**。中國大學之成立，固已四年於茲，然此四年之中，艱難困苦，實已備嘗。在創辦者，原想設立一完全大學，故有大學預科之編制。然大學年限過長，設備又須完全，而校中經費，

諸多支絀，故又不能不退一步而有專門部之編制。此種事務，如在他人，必畏難而不辦矣。然中國大學之職教員，則雖艱難困苦備嘗，而其初心不少更易。暫時固因經費支絀之關係，而不能大逐所志，但總希望完全辦到。故中國大學職教員之堅忍心，可謂吾人模範也。

二、即本校職教員富有義務心，即責任心。何以見之？各職教員有兼任兩校功課者，若因甲校之報酬較乙校為厚，遂勤於甲校而怠於乙校，其鄙陋之心，影響於學生最大。而中國大學之職教員，則絕無此狀。雖因本校經費支絀，報酬較薄，而訓導學生，勤懇無比，其義務心尤足為吾人之模範也。是以中國大學畢業諸生，多傑出之才，實校中職教員兼有以上兩種特性有以成之。

今則畢業諸生，已入工作時期，以後服務社會，應守母校之模範，歷久勿失，莫懼艱難，莫憂煩瑣，一以堅忍耐勞出之，無不成者。且勿以畢業生自負，一經任事，先計報酬。試思我國經濟，困難已極，人人以報酬為先務，勢必窮於供給，而各事將無人過問。畢業諸生，當明斯理。以後處世，即使毫無權利，則義務亦在所應盡。以義

務為先，毋以權利為重，庶足符母校之精神矣。鄙人際茲

盛會，無任歡忻，謹竭誠祝曰：

中國大學萬歲！

中國大學畢業諸生萬歲！

1917.05.23

1917.06
據
《敬業》
第 6 期

在南開學校敬業勵學
演說三會聯合講演會上的演說詞

　　兄弟今日承姜先生之介紹，得與諸君相晤，談話一堂，甚幸甚幸。惟兄弟雖蒙諸君之約，冀有所貢獻，然以校事羈身，急待歸去；且欲一聽李先生之演說，故遂不得作長談，僅擇其精者簡略言之，願諸君一垂聽焉。

　　講題之採取，係屬感想而得。頃與全校諸君言道德之精神在於思想自由，即足為是題之引。

　　當兄弟未至貴校之先，每以貴校與約翰、清華、東吳諸大學相聯想。今親詣參觀，略悉內情，始知大謬。蓋貴校固一純粹思想自由之學校。繼以各會宗旨，諒大都一致無疑。乃聞之姜先生，復知各會宗旨各異，萬象包羅，任人選擇。若青年會屬宗教的，而敬業樂群會則以研究學術號召，勵學會亦復以演說講演為重。此外，各專門學會亦

各精一術，毫不相妨。此誠可為諸君慶，而兄弟遂亦感而言此矣。

人生在世，身體極不自由。以貴校體育論，躍高擲重，成績昭然。（本歲遠東運動會，本校同學以躍高、擲重列名，故先生言如此。）然而練習之始，其難殆百倍於成功之日。航空者置身太空，自由極矣，乃卒不能脫巨風之險。習語言者，精一忘百，即使能通數地或數國方言，然窮涉山川，終遇隔膜之所。是如法律之繩人，亦猶是也。然法律不自由中，仍有自由可尋。自由者何？即思想是也。但思想之自由，亦自有界說。彼倡天地新學說者，必以地圓為謬，而倡其地平日動之理。其思想誠屬自由，然數百年所發明刊定不移之理，詎能一筆抹殺！且地圓之證據昭著，既不能悉以推翻，修取一二無足輕重之事，為地平證，則其學說不能成立宜也。又如行星之軌道，為有定所，精天文者，久已考明。乃幻想者流，必數執已定之理，屏為不足道，別創其新奇之論。究其實，卒與倡天地新學說者將同歸失敗。此種思想，可謂極不自由。蓋真理既已公認不刊，而駁之者猶復持閉關主義，則其立論終不

得為世人贊同，必矣。

　捨此類之外，有所謂最自由者，科學不能禁，五官不能干，物質不能範，人之壽命，長者百數十年，促者十數年，而此物之存在，則卒不因是而間斷。近如德人之取屍炸油，毀人生之物質殆盡，然其人之能存此自由者，斷不因是而毀滅。在昔有倡靈魂論，宗教家主之，究之仍屬空洞。分思想於極簡單，分皮毛於極細小，仍亦歸之物質，而物質之作用，是否屬之精神，尚不可知。但精神些微之差，其竟足誤千里。故精神作用，現人尚不敢曰之為屬物質，或曰物質屬之於精神。且精神、物質之作用，是否兩者具備，相輔而行？或各自為用，毫不相屬？均在不可知之數。如攝影一事，其存者果為精神？抑為物質、精神兩者均係之？或兩者外別有作用？此實不敢武斷。

　論物質，有原子；原子分之，又有電子。究竟原子、電子何屬？吾人之思想試驗，殊莫知其奧。論精神，其作用之最微者又何而屬？吾人更不得知。而空中有所謂真空，各個以太，實則其地位何若，態度何似，更屬茫然。度量衡之短而小者，吾人可以意定，殆分之極細，長之極

大，則其極不得而知。譬之時計，現為四句鐘，然須臾四鐘即逝，千古無再來之日，其竟又將如何耶？伍廷芳先生云彼將活二百歲。二百歲以後何似？推而溯之原始，終不外原子、電子之論。考地質者，亦不得極端之證驗。地球外之行星，或曰已有動物存在，其始生如何，亦未聞有發明者。

人生在世，鈎心鬥智，相爭以學術，鞠躬盡瘁，死而後已，亦無非爭此未勘破之自由。評善惡者，何者為善？何者為惡？禁作者為違法之事，而不作者亦非盡惡。以衛生論，衛生果能阻死境之不來歟？生死如何，民族衰亡如何，衰亡之早晚又如何，此均無確當之論。或曰終歸之於上帝末日之裁判，此宗教言也。使上帝果人若，則空洞不可得見，以腦力思之，則上帝非人，而其至何時，其竟何似，均不可知，是宗教亦不足徵信也。有主一元說者，主二元說者，又有主返原之論者，使人人傾向於原始之時。今之願戰，有以為可憂，有以為思想學術增進之導線。究之以上種種，均有對待可峙，無人敢信其為絕對的可信，亦無有令人絕對的可信之道也。

　　是故，吾人今日思想趨向之竟，不可回顧張皇，行必由徑，反之失其正鵠。西人今日自殺之多，殆均誤於是道。且至理之信，不必須同他人；己所見是，即可以之為是。然萬不可譸張為幻 (1)。此思想之自由也。凡物之評斷力，均隨其思想為定，無所謂絕對的。一己之學說，不得束縛他人；而他人之學說，亦不束縛一己。誠如是，則科學、社會學等等，將均任吾人自由討論矣。

（周恩來記錄）

---

(1) 譸張為幻：欺誑，以欺騙迷惑別人。譸，⑧ zhōu。

1918.01.05

1918.02.20
據
《北京大學日刊》

在保定育德學校演說

鄙人耳育德學校之名，由來已久，今乘大學休假之際，得以躬苵斯地，與諸君子共語一堂，甚屬快事。因貴校以「育德」為號，而校中又設有留法預科，乃使鄙人聯想及於法人之道德觀念。法自革命以後，有最顯著、最普遍之三詞，到處揭著，即自由、平等、友愛是也。夫是三者，是否能盡道德之全，固難遽定，然即證以中國意義，要亦不失為道德之重要綱領。

所謂自由，非放恣自便之謂，乃謂正路既定，矢志弗渝，不為外界勢力所征服。孟子所稱「富貴不能淫，貧賤不能移，威武不能屈」者，此也。準之吾華，當曰「義」。所謂平等，非均齊不相系屬之謂，乃謂如分而與，易地皆然，不以片面方便害大公。孔子所稱「己所不欲，勿施於

人」者，此也。準之吾華，當曰「恕」。所謂友愛，義斯無歧，即孔子所稱「己欲立而立人，己欲達而達人」。張子所稱「民胞物與者」，是也。準之吾華，當曰「仁」。仁也、恕也、義也，均即吾中國古先哲舊所旌表之人道信條，即征西方之心同理同，亦當宗仰服膺者也。

是以鄙人言人事，則必以道德為根本；言道德，則又必以是三者為根本。蓋人生心理，雖曰智、情、意三者平列，而語其量，則意最廣，徵共其序則意又最先。此固近代學者所已定之斷案。就一人之身而考三性發達之遲早，就礦植動三物之倫而考三性包含之多寡，與夫就吾人日常之識一物立一義而考三性應用之疾徐，皆有其不可掩者。故近世心理學，皆以意志為人生之主體，惟意志之所以能不背道德而向道德，則有賴乎知識與感情之翼助。此科學、美術所以為陶鑄道德之要具，而凡百學校皆據以為編制課程之標準也。自鄙人之見，亦得以三德證成之。二五之為十，雖帝王不能易其得數，重墜之趨下，雖兵甲不能劫之反行，此科學之自由性也。利用普乎齊民，不以優於貴；立術超乎攻取，無所黨於私。此科學之平等性及友愛

性也。若美術者，最貴自然，毋意毋必，則自由之至者矣。萬象並包，不遺貧賤，則平等之至者矣。並世相師，不問籍域，又友愛之至者矣。故世之重道德者，無不有賴乎美術及科學，如車之有兩輪，鳥之有兩翼也。

今聞貴校學風，頗致力於勤、儉二字。勤則自身之本能大，無需於他；儉則生活之本位廉，無人不得，是含自由義。且勤者自了己事，不役人以為工；儉者自享己分，不奪人以為食，是含平等義。勤者輸吾供以易天下之供，儉者省吾求以裕天下之求，實有燭於各盡所能、各取所需之真諦，而不忍有一不克致社會有一不獲之夫，是含友愛義。諸君其慎毋以此二字為庸為小。天下蓋盡有幾多之惡潮，其極也，足以傾覆邦命，荼毒生靈，而其發源，乃僅由於一二少數人自恣之心所鼓蕩者。如往者籌安會 (1) 之已事，設其領袖俱習於勤儉，肯為尋常生活，又何至有此。然則此二字者，造端雖微，而潛力則巨。鄙人對於貴校之學風，實極端贊成矣。惟祝貴校以後法文傳習日廣，能赴法留學者日多，俾中國之義、恕、仁與法國之自由、平等、友愛融化，而日進於光大。是非黨法，法實有特宜於

---

(1) 籌安會：是 1915 年楊度、孫毓筠、嚴復、劉師培、李燮和、胡瑛等六人成立的一個政治團體，支持當時的中華民國大總統袁世凱，公開支持恢復帝制，實行君主立憲。

國人旅學之點：旅用廉也，風習新也，前驅眾也，學說之純正，不雜以君制或宗教之匿瑕也，國民之浸淫於自由、平等、友愛者久，而鮮侮外人也，皆其著也。

（孫松齡記錄）

1918.05.30

1918.05.30/31

據

《北京大學日刊》

新教育與舊教育之歧點

—— 在天津中華書局

「直隸全省小學會議歡迎會」演說

今日承京津中華書局代表之招，得與諸先生晤言一堂，不勝榮幸。中華書局，為供給教育資料之機關；諸君子皆有實施教育之職務。今日所相與討論者，自然為教育問題。鄙人於小學教育，既未有經驗；又於直隸省教育情形，未有所考察，不能為切實之貢獻。謹以平日對於教育界之普通感想，質之於諸先生。

夫新教育所以異於舊教育者，有一要點焉，即教育者非以吾人教育兒童，而吾人受教於兒童之謂也。吾國之舊教育以養成科名仕宦之材為目的。科名仕宦，必經考試，考試必有詩文，欲作詩文，必不可不識古字，讀古書，記古代瑣事。於是先之以《千字文》《神童詩》《龍文鞭影》《幼

學須知》等書；進之以「四書」「五經」；又次則學為八股文、五言八韵詩；其他若自然現象，社會狀況，雖為兒童所亟欲瞭解者，均不得闌入 (1) 教科，以其於應試無關也。是教者預定一目的，而強受教者以就之；故不問其性質之動靜，資禀之銳鈍，而教之止有一法，能者獎之，不能者罰之，如吾人之處置無機物然，石之凸者平之，鐵之脆者煅之；如花匠編松柏為鶴鹿焉；如技者教狗馬以舞蹈焉；如兇漢之割折幼童，而使為奇形怪狀焉；追想及之，令人不寒而慄。新教育則否。在深知兒童身心發達之程序，而擇種種適當之方法以助之。如農學家之於植物焉，乾則灌溉之，弱則支持之，畏寒則置之溫室，需食則資以肥料，好光則覆以有色之玻璃；其間種類之別，多寡之量，皆幾經實驗之結果，而後選定之；且隨時試驗，隨時改良，決不敢挾成見以從事焉。故治新教育者，必以實驗教育學為根柢。實驗教育學者，歐美最新之科學，自實驗心理學出，而尤與實驗兒童心理學相關。其所試驗者，曰感覺之閾 (2)，曰感覺之分別界，曰空間與時間之表像，曰反射，曰判斷，曰注意力，曰同化作用，曰聯想，曰意志之閱

---

(1) 闌入：擅自進入禁地。

(2) 閾：⟨⟩ yù，門檻，泛指界限與範圍。

歷，曰統覺，凡一切心理上之現象皆具焉。其試驗之也，
或以儀器，或以圖畫，或以言語，或以文字。其所為比較
者，或以年齡，或以男女之別，或以外界一切之關係，或
以祖先之遺傳性，因而得種種普通之例，亦即因而得種種
差別之點。雖今日尚未達完全之域，然研究所得，視昔之
純憑臆測者，已較有把握矣。

因而知教育者，與其守成法，毋寧尚自然；與其求劃
一，毋寧展個性。請舉新教育之合於此主義者數端。一曰
托爾斯泰（Tolstoy）之自由學校。其建設也，尚在實驗
教育學未起以前，乃本盧梭、裴斯泰洛齊、弗羅貝爾等之
自然主義而推演之者；其學生無一定之位置，或坐於凳，
或登於棹，或伏於窗檻，或踞於地板，惟其所欲；其課程
亦無定時，惟學生之願，常以種種對象間厠而行之；其教
授之形式，惟有問答。聞近年比利時亦有此種學校，鄙人
欲索其章程，適歐戰起，比為德所據，不可得矣。二曰杜
威（Dewey）之實用主義。杜威嘗著《學校與普通生活》
一書，力言學校教科與社會隔絕之害；附設一學校於芝加
哥大學，即以人類所需之衣、食、住三者為工事標準，略

分三部：一曰手工，如木工、金工之類；二曰烹飪；三曰
縫織，而描畫模型等皆屬之。即由此而授以學理，如因烹
飪而授以化學，因裁縫而授以數學，因手工而授以物理
學、博物學，因原料所自出而授以地理學，因各時代各民
族工藝若服食之不同而授以歷史學、人類學等是也。三曰
蒙台梭利之兒童室，即特設各種器具以啓發兒童之心理作
用者，是也。吾國已有譯本，想諸君已見之。四曰某氏之
以工作為操練說。此說不憶為何人所創，大約以能力說為
基礎。能力者，西方所謂 Energy 也，近世自然哲學，以
世界一切現象，不外乎能力之轉移，如燃煤生熱，熱能蒸
水成汽，汽能運機，機能製器，即一種能力之由煤而熱，
而汽，而機，而器，遞相轉移也。惟能力之轉移，有經濟
與不經濟之別，如水力可以運機發電，而我國海潮瀑布之
屬，皆置而不用，是即不經濟之一端也。近世教育，如手
工圖畫等科，一方面為目力手力之操練，而一方面即有成
績品，此能力轉移之經濟者也。其他各種運動，大率止有
操練，並無出品，則為不經濟之轉移。若合個人生理及社
會需要兩方面而研究之，設為種種手力足力之工作，以代

拍球蹴球之戲；設為種種運輸之工作，以利用競走競漕之役；則悉於體育之中，養成勤務之習慣，而一切過激之動作，凌人之虛榮心，亦可以免矣。其他類是之新說，為鄙人所未知者，尚不知凡幾，亦足以見現代教育界之進步矣。吾國教育界，乃尚牢守幾本教科書，以強迫全班之學生，其實與往日之《三字經》、四書、五經等，不過五十步與百步之相差。欲救其弊，第一，須設實驗教育之研究所。第二，教員須有充分之知識，足以應兒童之請益與模範而不匱。第三，則供給教育品者，亦當有種種參考之圖畫與儀器，以供教員之取資。如此，則始足語於新教育矣。

1918.08.03

1919
據
《中國哲學史大綱》
胡適著
商務印書館出版

中國古代哲學史大綱序

　　我們今日要編中國古代哲學史，有兩層難處。第一是材料問題：周秦的書，真的同偽的混在一處。就是真的，其中錯簡字又是很多。若沒有作過清朝人叫做「漢學」的一步功夫，所搜的材料必多錯誤。第二是形式問題：中國古代學術，從沒有編成系統的記載。《莊子》的「天下」篇，《漢書‧藝文志》的「六藝略」「諸子略」，均是平行的記述。我們要編成系統，古人的著作沒有可依傍的，不能不依傍西洋人的哲學史。所以非研究過西洋哲學史的人，不能構成適當的形式。

　　現在治過「漢學」的人雖還不少，但總是沒有治過西洋哲學史的。留學西洋的學生，治哲學的本沒有幾人，這幾人中能兼治「漢學」的更少了。適之先生生於世傳「漢

學」的績溪胡氏，稟有「漢學」遺傳性；雖自幼進新式的學校，還能自修「漢學」，至今不輟；又在美國留學的時候，兼治文學、哲學，於西洋哲學史是很有心得的。所以編中國古代哲學史的難處，一到先生手裏，就比較的容易多了。

先生到北京大學教授中國哲學史，才滿一年。此一年的短時期中，成了這一編《中國古代哲學史大綱》，可算是心靈手敏了。我曾細細讀了一遍，看出其中幾處特長：

第一是證明的方法。我們對於一個哲學家，若是不能考實他生存的時代，便不能知道他思想的來源；若不能辨別他遺著的真偽，便不能揭出他實在的主義；若不能知道他所用辯證的方法，便不能發現他有無矛盾的議論。適之先生這《大綱》中，此三部分的研究，差不多佔了全書三分之一，不但可以表示個人的苦心，並且為後來的學者開無數法門。

第二是扼要的手段。中國民族的哲學思想遠在老子、孔子之前，是無可疑的。但要從此等一半神話、一半政史的記載中，抽出純粹的哲學思想，編成系統，不是窮年累

月不能成功的。適之先生認定所講的是中國古代哲學家的思想發達史，不是中國民族的哲學思想發達史，所以截斷眾流，從老子、孔子講起。這是何等手段！

第三是平等的眼光。古代評判哲學的，不是墨非儒，就是儒非墨。且同是儒家，荀子非孟子；崇拜孟子的人，又非荀子。漢宋儒者，崇拜孔子，排斥諸子；近人替諸子抱不平，又有意嘲弄孔子。這都是鬧意氣罷了！適之先生此編，對於老子以後的諸子，各有各的長處，各有各的短處，都還他一個本來面目，是很平等的。

第四是系統的研究。古人記學術的，都用平行法，我已說過了。適之先生此編，不但孔墨兩家有師承可考的，一一顯出變遷的痕跡，便是從老子到韓非，古人畫分做道家和儒墨名法等家的，一經排比時代，比較論旨，都有遞次演進的脈絡可以表示。此真是古人所見不到的。

以上四種特長，是較大的，其他較小的長處，讀的人自能領會，我不必贅說了。我只盼望適之先生努力進行，由上古而中古、而近世，編成一部完全的《中國哲學史大綱》，把我們三千年來一半斷爛、一半龐雜的哲學界，理

出一個頭緒來，給我們一種研究本國哲學史的門徑，那真是我們的幸福了。

中華民國七年八月三日　蔡元培

1919.04.24

1919.04.24
據
《北京大學日刊》

科學之修養
—— 在北京高等師範學校修養會之演說

　　鄙人前承貴校德育部之召，曾來校演講；今又蒙修養會見召，敢略述修養與科學之關係。

　　查修養之目的，在使人平日有一種操練，俾臨事不致措置失宜。蓋吾人平日遇事，常有計較之餘暇，故能反復審慮，權其利害是非之輕重而定取捨。然若至倉促之間，事變橫來，不容有審慮之餘地，此時而欲使誘惑困難不能隳 (1) 其操守，非平日修養有素不可，此修養之所以不可緩也。

　　修養之道，在平日必有種種信條：無論其為宗教的，或社會的，要不外使服膺者儲蓄一種抵抗之力，遇事即可憑之以定決擇。如心所欲作而禁其不作，或心所不欲而強

────────

(1) 隳：⟨⟩ huī，毀壞。

其必行，皆依於信條之力。此種信條，無論文明野蠻民族均有之。然信條之起，乃由數千萬年習慣所養成；及行之既久，必有不適之處，則懷疑之念漸興，而信條之效力遂失。此猶就其天然者言也。乃若古聖先賢之格言嘉訓，雖屬人造，要亦不外由時代經驗歸納所得之公律，不能不隨時代之變遷而易其內容。吾人今日所見為嘉言懿行者，在日後或成故紙；欲求其能常繫人之信仰，實不可能。由是觀之，則吾人之於修養，不可不研究其方法。在昔吾國哲人，如孔孟老莊之屬，均曾致力於修養，而宋明儒者尤專力於此。然學者提倡雖力，卒不能使天下之人盡變有良善之士，可知修養亦無一定之必可恃者也。至於吾人居今日而言修養，則尤不能如往古道家之蟄影深山，不聞世事。蓋今日社會愈進，世務愈繁。已入社會者，固不能捨此而他從；即未入社會之學校青年，亦必從事於種種學問，為將來入世之準備。其責任之繁重如是，故往往易為外務所縛，無精神休假之餘地，常易使人生觀陷於悲觀厭世之域，而在不得志之人為尤甚。其故即在現今社會與從前不同。欲補救此弊，須使人之精神，有張有弛。如作事之

後，必繼之以睡眠，而精神之疲勞，亦必使有機會得以修養。此種團體之結合，尤為可喜之事。但鄙人以為修養之致力，不必專限於集會之時，即在平時課業中亦可利用其修養。故特標此題曰「科學的修養」。

今即就貴會之修養法逐條說明，以證科學的修養法之可行。如貴會簡章有「力行校訓」一條。貴校校訓為「誠勤勇愛」四字。此均可於科學中行之。如「誠」字之義，不但不欺人而已，亦必不可為他人所欺。蓋受人之欺而不自知，轉以此說復詔他人，其害與欺人者等也。是故吾人讀古人之書，其中所言苟非親身實驗證明者，不可輕信；乃至極簡單之事實，如一加二為三之數，亦必以實驗證明之。夫實驗之用最大者，莫如科學。譬如報紙記事，臧否不一，每使人茫無適從。科學則不然。真是真非，絲毫不能移易。蓋一能實驗，而一不能實驗故也。由此觀之，科學之價值即在實驗。是故欲力行「誠」字，非用科學的方法不可。

其次「勤」。凡實驗之事，非一次所可了。蓋吾人讀古人之書而不慊⑵於心，乃出之實驗。然一次實驗之結

⑵ 不慊：感到不滿足、不快適。

果，不能即斷其必是，故必繼之以再以三，使有數次實驗之結果。如不誤，則可以證古人之是否；如與古人之說相刺謬 (3)，則尤必詳考其所以致誤之因，而後可以下斷案。凡此者反復推尋，不憚周詳，可以養成勤勞之習慣。故「勤」之力行亦必依賴夫科學。

再次「勇」。勇敢之意義，固不僅限於為國捐軀慷慨赴義之士，凡作一事，能排萬難而達其目的者，皆可謂之勇。科學之事，困難最多。如古來科學家，往往因試驗科學致喪其性命，如南北極及海底探險之類。又如新發明之學理，有與舊傳之說不相容者，往往遭社會之迫害，如哥白尼、賈利來之慘禍。可見研究學問，亦非有勇敢性質不可；而勇敢性質，即可於科學中養成之。大抵勇敢性質有二：其一，發明新理之時，排去種種之困難阻礙；其二，既發明之後，敢於持論，不懼世俗之非笑。凡此二端，均由科學所養成。

再次「愛」。愛之範圍有大小。在野蠻時代，僅知愛自己及與己最接近者，如家庭之類。此外稍遠者，輒生嫌忌之心。故食人之舉，往往有焉。其後人智稍進，愛之範圍

---

(3) 刺謬：⑩ là miù，乖誤。

漸擴，然猶不能舉人我之見而悉除之。如今日歐洲大戰，無論協約方面，或德奧方面，均是己非人，互相仇視，欲求其愛之溥及甚難。獨至於學術方面則不然：一視同仁，無分畛域；平日雖屬敵國，及至論學之時，苟所言中理，無有不降心相從者。可知學術之域內，其愛最溥。又人類嫉妒之心最盛，入主出奴，互為門戶。然此亦僅限於文學耳；若科學，則均由實驗及推理所得惟一真理，不容以私見變易一切。是故嫉妒之技無所施，而愛心容易養成焉。

以上所述，僅就力行校訓一條引申其義。再閱簡章，有「靜坐」一項。此法本自道家傳來。佛氏之坐禪，亦屬此類。然歷年既久，卒未普及社會；至今日日本之提倡此道者，純以科學之理解釋之。吾國如蔣竹莊先生亦然，所以信從者多，不移時而遍於各地。此一修養之有賴於科學者也。

又如「不飲酒、不吸煙」二項，亦非得科學之助力不易使人服行。蓋煙酒之嗜好，本由人無正當之娛樂，不得已用之以為消遣之具，積久遂成痼疾。至今日科學發達，娛樂之具日多，自不事此無益之消遣。如科學之問題，往

往使人興味加增，故不感疲勞而煙酒自無用矣。

　　今日所述，僅感想所及，約略陳之。惟宜注意者，鄙人非謂學生於正課科學之外，不必有特別之修養，不過正課之中，亦不妨兼事修養，俾修養之功，隨時隨地均能用力，久久純熟，則遇事自不致措置失宜矣。

1920.04.15

1920.04.15

據

《教育與社會》

第 1 卷第 1 號

在北京高等師範學校
《教育與社會》雜誌社講演詞

　　前幾天看到貴校辦的圖書閱覽所和通俗講演所，我就覺到這是受杜威先生學說的影響。今天開成立會的《教育與社會》雜誌社，想必亦是受着杜威先生的影響，因為他的教育主義即在學校和社會打成一片。方才杜先生所講的，本他平日所主張的實驗主義，事事從腳踏實地做去，很可以供諸君的參考。我是無話可說，只有把老生常談再談一回。

　　貴雜誌的宗旨，是改造社會，先改造教育。照此看來，定是現在教育不行，才去改造的。但是現在教育不行之點是甚麼呢？依我看來，現在教育不脫科舉時代之精神。科舉時代的教育，不過得一個便利機會，養成一己的

才具，此外都不管了。改立學校以後，一般人對於學校的觀念，仍復如此。教育既無改革，社會上一切事業，都是一仍舊貫。因此這種教育不能不改造的。

從「改造教育去改造社會」這句話而論，有兩種解說。第一改造教育，以改造將來社會。就是學校裏養成一種人才，將來進社會做事。比如現在的國民學校的學生，預備將來做國民；現在的師範生，將來做教師；諸如此類，不必遍舉。第二改造教育同時改造社會，就是學生或教員一方面講學問，一方面效力社會。以前教育，注重第一層，做教員的專門教書，學生專門念書。這幾年來尤以去年五月到現在為最，趨重到第二層。學校教育同時影響到社會。杜威先生的教育主張，就是如此。現在各學校創立平民學校、講演所等等，都是學生在校即效力社會的表現。

從教育着手，去改造社會，改造之點，繁不勝舉。但是簡單說來，可以歸到教育調查會定的兩句話「養成健全人格，提倡共和精神」。社會的各分子都具有健全人格，此外復有何求？所以第二句話離不了第一句話。所謂健全人格，分為德育、體育、知育、美育四項。換言之，和自

由、平等、博愛的意思亦相契合的。都能自由平等，都能博愛互助，共和精神亦發展了。

現在社會上不自由，有兩種緣故：一種人不許別人自由，自己有所憑藉，剝奪別人自由，因此有奴隸制度、階級制度；又有一種人甘心不自由，自己被人束縛，不以為束縛，甘心忍受束縛。這種甘心不自由的人，自己得不到自由，而且最喜剝奪別人自由，壓制別人自由，所以不能博愛，不能互助，因此社會上亦不平等不安穩了！倘能全國人都想自由：一方面自己愛自由，一方面助人愛自由，那麼國事決不至於如此！要培養愛自由、好平等、尚博愛的人，在教育上不可不注重發展個性和涵養同情心兩點。

論到發展個性一層，現在學校中行分年級制度，不論個性如何，總使讀滿幾年，方能畢業，很不適當。因此有人訾 (1) 學校不如書塾書院。最顯而易見的就是國文。我人雖可反駁訾者說學校中科目太多，且教法亦不同。但學校確有不及書院之點。我們知道以前書院院長，或擅長文學，從其學者，能文者輩出；或長經學與小學，從其學者，莫不感化。因為院長以此為畢生事業，院內尚自由研

---

(1) 訾：⑱ zǐ，說人壞話，詆毀。

究，故能自由發展。現在學校內科目繁多，無研究餘地。所以有人竭力提倡廢止年級制，行選科制。又有人如胡適之先生，提倡純粹自由學校，無一定校所，無上課形式，欲學某科，找得精於某科者為導師，由導師指定數種書籍，自由研究，質疑問難而已。我想這樣辦法，比現行年級制、劃一制可以發展個性。

同情心就是看到別人感受的事情，和自己的一樣，彼此休戚相關，互相諒解。所以現行考試制度，最與此點背馳。為爭名次之高下、分數之多寡，使同情心日減，嫉妒心大增。同學之間，不肯相互研究。竟有得一參考書籍，秘不告人，以為惟我獨知，可以奪得第一，可笑之至。這種考試制度，受科舉餘毒，有礙同情心，應得改良的。又如體育，本屬很平常之事，應有健全之體格，方能從事各種事業，苟能瞭解此點，無不樂為的。乃竟盛行比賽運動，以為獎勵體育，養成抑人我勝之觀念，並且造成運動員階級。這都是抑卻同情心的。所以自去年到現在，學生運動，在一校內，往往發生衝突。如甲揭條示攻乙，乙揭條示訐丙。又如此地學生，責備彼地學生，不能援助，彼

地學生亦然。其實向同一目的去運動，正宜互相瞭解，發生同情。攻訐責備，都是無謂。因此可見學校中涵養同情心一層，尚欠注意。

　　教育改造之點很多，我以為上述二層，發展個性，涵養同情心，要更加注意。

1922.03

據
蔡元培手稿

教育獨立議

　　教育是幫助被教育的人，給他能發展自己的能力，完成他的人格，於人類文化上能盡一分子的責任；不是把被教育的人，造成一種特別器具，給抱有他種目的的人去應用的。所以，教育事業當完全交與教育家，保有獨立的資格，毫不受各派政黨或各派教會的影響。

　　教育是要個性與群性平均發達的。政黨是要製造一種特別的群性，抹殺個性。例如，鼓勵人民親善某國，仇視某國；或用甲民族的文化，去同化乙民族。今日的政黨，往往有此等政策，若參入教育，便是大害。教育是求遠效的，政黨的政策是求近功的。中國古書說：「一年之計樹穀；十年之計樹木；百年之計樹人。」可見教育的成效，不是一時能達到的。政黨不能掌握政權，往往不出數年，

便要更迭。若把教育權也交與政黨，兩黨更迭的時候，教育方針也要跟着改變，教育就沒有成效了。所以，教育事業不可不超然於各派政黨以外。

教育是進步的：凡有學術，總是後勝於前，因為後人憑着前人的成績，更加一番功夫，自然更進一步。教會是保守的：無論甚麼樣尊重科學，一到《聖經》的成語，便絕對不許批評，便是加了一個限制。教育是公同的：英國的學生，可以讀阿拉伯人所作的文學，印度的學生，可以用德國人所造的儀器，都沒有甚麼界限。教會是差別的：基督教與回教不同；回教又與佛教不同。不但這樣，基督教裏面，天主教與耶穌教又不同。不但這樣，耶穌教裏面，又有長老會、浸禮會、美以美會，等等派別的不同。彼此誰真誰偽，永遠沒有定論，只好讓成年的人自由選擇。所以各國憲法中，都有「信仰自由」一條。若是把教育權交與教會，便恐不能絕對自由。所以，教育事業不可不超然於各派教會以外。

但是，甚麼樣可以實行超然的教育呢？鄙人擬一個辦法如下。

　　分全國為若干大學區，每區立一大學；凡中等以上各種專門學術，都可以設在大學裏面，一區以內的中小學校教育，與學校以外的社會教育，如通信教授、演講團、體育會、圖書館、博物院、音樂、演劇、影戲……與其他成年教育、盲啞教育等等，都由大學辦理。

　　大學的事務，都由大學教授所組織的教育委員會主持。大學校長，也由委員會舉出。

　　由各大學校長，組織高等教育會議，辦理各大學區互相關係的事務。

　　教育部，專辦理高等教育會議所議決事務之關係於中央政府者，及其他全國教育統計與報告等事，不得干涉各大學區事務。教育總長必經高等教育會議承認，不受政黨內閣更迭的影響。

　　大學中不必設神學科，但於哲學科中設宗教史、比較宗教學等。

　　各學校中，均不得有宣傳教義的課程，不得舉行祈禱式。

　　以傳教為業的人，不必參與教育事業。

　　各區教育經費，都從本區中抽稅充用。較為貧乏的區，經高等教育會議議決後，得由中央政府撥國家稅補助。

　　注：

　　分大學區與大學兼辦中小學校的事，用法國制。

　　大學可包括各種專門學術，不必如法、德等國別設高等專門學校，用美國制。

　　大學兼任社會教育，用美國制。

　　大學校長，由教授公舉，用德國制。

　　大學不設神學科，學校不得宣傳教義，與教士不得參與教育，均用法國制。瑞士亦已提議。

　　抽教育稅，用美國制。

1924.11.10

1925
據
《社會學方法論》
涂爾幹著，許德珩譯
商務印書館出版

《社會學方法論》序

　　我們中國，地大物博，民族很複雜，曆蟲很悠久，佔有無量數的材料，可以貢獻於科學界。獨惜古代學者於純粹客觀的方法，發現頗少；所以他們雖未嘗不盡力於觀察，記錄的工作，而總不能把此等無量數的材料，化為有條理，有系統的知識，就不能產生科學。

　　我們現在既窺見歐洲科學的完備，自然不能不竭力介紹；但是介紹他們科學的結論，決不如介紹科學的方法為重要；因為得了結論，不過趁他人的現成；得了方法，才可以引起研究的興趣。從前有個小說家，說仙人呂洞賓，遇一貧士，就用指點一石成金，要贈給他；貧士不要這塊金，而要他點石成金的手指。科學結論，是點成的金，量終有限；科學方法，是點石的指，可以產無窮的金。這可

以看出方法論的重要了。

　　但是各種方法論，在自然科學上，都早經論定，就是有點出入，也不很多。在社會科學上，因為對象較為變動，科學的成立也較晚，所以研究的方法，也還多爭論。這裏邊最新成立的社會學，爭論尤多。這一種科學，是法國近代實證哲學家孔德氏所創立的，但孔德氏雖提倡實證主義，而他的社會學，卻用他的「人類在時間裏進步」的理想作前提，並不完全靠實驗的結果作為證據，而始成結論；所以後繼者涂爾幹氏雖紹述他的實證主義，而對於他的社會學方法，卻不能表示滿意。涂爾幹氏不但不滿意於孔德的方法，就是英國斯賓塞氏以社會為源於消費協合的結論，在他看起來也還是成見。並且他對於買石亞非的自然說，與盧梭、霍布士的強制說，道德學上義務、善行、正義等標準，經濟學上的供求律，都認為未經實驗以前的理想。對於加答非洛的犯罪學，與意大利派把「非物質」的現象附隸於社會現象，認為不合於社會現象的界說。對於穆勒「實驗方法不合於社會學之用」的判斷，尤認為不合論理。總說一句，他是認定社會現象是超乎生物學、心

理學的種種現象而自成系統，且非完全用客觀的實驗方法不可。所以他提出社會學三種特性：第一，離哲學而獨立；第二，完全用客觀的方法而認社會現象是件事，要研究他，就要把他當作是件事；第三，不當是通常的事，而特別的當他是社會的事。他要很嚴格地表現這些特性，所以不能滿意於前時或同時的各家所用的方法。

但是社會現象，照他所定的界說上看起來，也是複雜的了不得。所以他曾說：「社會事物萬千，欲把這萬千事物，詳覽無遺，不特此種表冊，不能以人力造作；即使能使人力造作，也不能就認為可靠；且即使能造作，不特有取其事實之渺而小者，而遺其事實之大而要者的弊病；恐怕就是他所認為知道之渺而小者，也未必盡然真能懂得他。」所以通常科學上所用的剩餘方法，相同方法、相異方法，若照樣的用在社會學上，還覺得不滿足。那麼，他主張用純粹客觀的方法。用甚麼方法呢？他就創造了一種共變方法。共變方法，是選取幾件可靠的事實來研究，若兩種事實，甲變而乙亦與之俱變，就可以說獲得事物的公例。這真得執簡御繁的巧法，而且甚便於分別研求。這在

社會學上可以算空前的發現。他在他的社會分工論上，曾經說明這一種方法。在社會學年報上，也陸續把他與他的同志所研究的成績，報告出來。而專門表示此種方法與說明所以必用此種方法的理由，就以這部社會學方法為最切要。若把他介紹到我國，我們就按照他所說的程序，先取材於單獨社會中的事，就是本國的社會現象；次取材於同種而異社會中的事，就是本國與日本、暹羅等的社會現象之比較；次取材於異種而異社會中的事，就是本國與歐美的社會現象之比較；不知道可以研究出多少事物公例，可以貢獻於世界社會學家的。

大約他這一部書，在法國研究社會學的，都曾讀過，但是肯譯的還沒有。吾友許君德珩在國立北京大學哲學系畢業後，來法研究，已歷五年，雖然經濟狀況常常給他困難，而他的刻苦用功，積久不懈，每日用功時間，總在十點鐘左右，為留歐同學中所僅見。他所專研的是社會學，於各派的學說，都經涉獵，而尤服膺於涂爾幹的學說。特於課餘，譯述此書。他的譯法，精審忠實，在他自記的譯例上，可以看得出來。我曾經用原書檢對一過，覺得他的

譯文，不但當得起「信」「達」兩個字，而且有幾處，因為原書頗涉晦澀，經他加以解釋與例證，覺得比讀原書更容易瞭解。我認為近年來最有價值的譯本，謹為鄭重介紹。

蔡元培

十三年十一月十日

巴黎

1930

1930
據
《教育大辭書》
商務印書館出版

大 學 教 育

　　大學教育者，學生於中學畢業以後，所受更進一級之教育也。其科目為文、理、神學、法、醫、藥、農、工、商、師範、音樂、美術、陸海軍等。前五者自神學以外，為各國大學所公有。惟舊制合文、理為一科，而名為哲學，現今德語諸國，尚仍用之。農、工、商以下各科，多獨立而為專門學校，如法國之國立美術專門學校（Ecole Nationale et Speciale des Beaux Arts）之類；亦或謂之高等學校，如德國之理工高等學校（Technische Hochschuele）之類；或僅稱學校，如法國百工學校（Ecole Polytechnique）之類；或單稱學院，如法國巴士特學院（L'institut Pasteur）之類。用大學教育之廣義，則可以包括之。我國舊仿日本制，於大學以下，有一種專門學校，

如農業專門學校、醫學專門學校之類。雖程度較低，年限較短，然既為中等學校以上之教育，不妨列諸大學教育之內。惟舊式之高等學校，後改為大學預科，而新制編入高級中學者，則當屬中學之範圍，而於大學無關焉。

吾國歷史上本有一種大學，通稱太學，最早謂之上庠，謂之辟雍，最後謂之國子監。其用意與今之大學相類，有學生，有教官，有學科，有積分之法，有入學資格，有學位，其組織亦頗似今之大學。然最近時期，所謂國子監者，早已有名無實。故吾國今日之大學，乃直取歐洲大學之制而模仿之，並不自古之太學演化而成也。

歐洲大學，在拉丁原名，本為教者與學者之總會（Universitas Magistrorum et Scholarium），其後演而為知識之總匯（Universitas Litterarum），而此後各國大學即取其總義為名。歐洲最早之大學，為十二、十三世紀間，在意大利、法蘭西、西班牙諸國所設者；十四世紀以後，盛行於德語諸國，即專設神學、法學、醫學、哲學四科者是也。其初注重應用，幾以哲學為前三科之預科。及科學與文哲之學各別發展，具有獨立資格，遂演化而為文、理

兩科。然德語諸國，為哲學一科如故也。拿破崙時代，曾以神學、法學、醫學，為養成教士、法吏、醫生之所，因指文理科為養成中學以上教員之所。各國雖不必皆有此種明文，而事實上自然有此趨勢。所以各國皆於中學校以外，設師範學校，以養成小學教員；而於大學外，特設高等師範學校，以養成中學教員者，不多見也。法國於革命時，曾解散大學為各種專門學校；但其後又集合之而組為大學，均不設神學科，而另設藥科；惟新自德國爭回史太師埠 (1) 之大學，有天主教與耶穌教之神學科各一，為例外耳。法國分全國為十七大學區，大學總長兼該區教育廳長，不特為大學內部之行政長，而一區以內中、小學校及其他一切教育行政，皆受其統轄焉。其保留中古時代教者與學者總會之舊制者，為英國之牛津、劍橋兩大學。牛津由二十精舍（College）組成，劍橋由十七精舍組成。每一精舍，均為教員與學生共同生活之所。每一教員為若干學生之導師，示以為學之次第而監督之。學生於求學以外，尤須努力於交際與運動，以為養成紳士資格之訓練。

　　大學教員有教授、額外教授與講師等，以一定時間，

---

(1) 史太師埠：現通譯斯特拉斯堡。

在教室講授學理。其為實地練習者，有研究所、實驗室、病院等。研究所（Seminar 或作 Institute）大抵為文、法等科而設，備有圖書及其他必要之參考品。本為高等學生練習課程之機關，故常有一種課程，由教員指定條目，舉出參考書，令學生同時研究，而分期報告，以資討論。亦或指定名著，分段研討，與講義相輔而行。而教員與畢業生之有志研究學術者，亦即在研究所用功。如古物學、歷史學、美術史等研究所，間亦附有陳列所，與地質學、生物學等陳列所相等，不但供本校師生之考察，且亦定期公開，以便校外人參觀。至於較大之建設，如植物院，動物院，天文臺，美術、歷史、自然史、民族學等博物院，則恆由國立或市立，而大學師生有特別利用之權。實驗室大抵為理科及農、工、醫等科而設；然文科之心理學、教育學、美學、言語學等，亦漸漸有實驗室之需要。病院為醫科而設，一方面為病人施治療，一方面即為學生實習之所也。此外，則圖書館亦為大學最要之設備。

　　歐洲各國大學，自牛津、劍橋而外，其中心點皆在智育。對於學生平日之行動，學校不復干涉，亦不為學生設

寄宿舍。大學生自經嚴格的中學教育以後，多能自治，學校不妨放任也。惟中古時代學生組合之遺風，演存於德語諸國者，尚有一種學生會。每一學生會，各有其特別之服裝與徽章，遇學校典禮，如開學式、紀念會等，各會之學生，盛裝驅車，招搖過市，而集於大學之禮堂，參與儀式焉。平日低年級學生有服役於高級生之義務，時時高會豪飲，又相與練習擊劍之術。有時甲會與乙會有睚眥之怨，則相約而鬥劍，非剺 (2) 面流血不止。此等私鬥之舉，為警章所禁；而政府以其有尚武愛國之寓意，則故放任之，與牛津、劍橋之注重運動者同意也。然大學人數較多者，一部分學生，或以家貧，不能供入會費用；或以思想自由，不願作無意識舉動，則不入中古式之學生會，而有自由學生之號。所組織者，率為研究學術與服務社會之團體。大學生注重體育，為各國通例；美國大學，且有一部分學生，特受軍事教育者，不特衛生道德，受其影響，而且為他日捍衛國家之準備。吾國各大學，近年於各種體育設備以外，又有學生軍之組織，亦此意也。

大學有給予學位之權。德語諸國，僅有博士一級

---

(2) 剺：⦿ lí，割，劃。

（Doktor）。學生非研究有得，提出論文，經本科教員認可，而又經過主課一種、副課兩種之口試，完全通過者，不能得博士學位，即不能畢業。英語諸國，則有三級：第一學士（Bachelor of Arts），第二碩士（Master of Arts），第三博士。法國亦於博士以前有學士（La Licence）一級。大學又得以博士名義贈與世界著名學者，或國際上有特別關係之人物。

大學初設，惟有男生。其後雖間收女生，而入學之資格，學位之授予，均有嚴格制限。偶有特設女子大學者，程度亦較低。近年男女平權之理論，逐漸推行，女子求入大學者，人數漸多；於是男女同入大學及同得學位之待遇，遂通行於各國。

大學行政自由之程度，各國不同。法國教育權，集中於政府；大學皆國立，校長由政府任命之。英、美各國，大學多私立，經濟權操於董事會，校長由董事會延聘之。德國各大學，或國立，或市立，而其行政權集中於大學之評議會。評議會由校長、大學法官、各科學長與一部分教授組成之。校長及學長，由評議會選舉，一年一任。凡願

任大學教員者，於畢業大學而得博士學位後，繼續研究；提出論文，經專門教授認可後，復在教授會受各有關係學科諸教授之質問，皆通過；又為公開講演一次，始得為講師。其後以著作與名譽之增進，值一時機，進而為額外教授，又遞進而為教授，純屬大學內部之條件也。

大學以思想自由為原則。在中古時代，大學教科受教會干涉，教員不得以違禁書籍授學生。近代思想自由之公例，既被公認，能完全實現之者，厥惟大學。大學教員所發表之思想，不但不受任何宗教或政黨之拘束，亦不受任何著名學者之牽掣。苟其確有所見，而言之成理，則雖在一校中，兩相反對之學說，不妨同時並行，而一任學生之比較而選擇，此大學之所以為大也。大學自然為教授、學生而設，然演講既深，已成為教員與學生共同研究之機關。所以一種講義，聽者或數百人以至千餘人；而別有一種講義，聽者或僅數人。在學術上之價值，初不以是為軒輊也。如講座及研究所之設備，既已成立，則雖無一學生，而教員自行研究，以其所得，貢獻於世界，不必以學生之有無為作輟也。

受大學教育者，亦不必以大學生為限。各大學均有收旁聽生之例，不問預備程度，聽其選擇自由。又有一種公開講演，或許校外人與學生同聽，或專為校外人而設，務與普通服務之時間不相衝突。此所以謀大學教育之普及也。

1935.04.10

1935.04.10
據
《文化建設》
第 1 卷第 7 期

我 的 讀 書 經 驗

　　我自十餘歲起，就開始讀書；讀到現在，將滿六十年了，中間除大病或其他特別原因外，幾乎沒有一日不讀點書的，然而我沒有甚麼成就，這是讀書不得法的緣故。我把不得法的概略寫出來，可以作前車之鑒。

　　我的不得法，第一是不能專心。我初讀書的時候，讀的都是舊書，不外乎考據、詞章兩類。我的嗜好，在考據方面，是偏於詁訓及哲理的，對於典章名物，是不大耐煩的；在詞章上，是偏於散文的，對於駢文及詩詞，是不大熱心的。然而以一物不知為恥，種種都讀；並且算學書也讀，醫學書也讀，都沒有讀通。所以我曾經想編一部《說文聲系義證》，又想編一本《公羊春秋大義》，都沒有成書。所為文辭，不但駢文詩詞，沒有一首可存的，就是

散文也太平凡了。到了四十歲以後，我始學德文，後來又學法文，我都沒有好好兒做那記生字、練文法的苦工，而就是生吞活剝的看書，所以至今不能寫一篇合格的文章，作一回短期的演說。在德國進大學聽講以後，哲學史、文學史、文明史、心理學、美學、美術史、民族學，統統去聽，那時候，這幾類的參考書，也就亂讀起來了。後來雖勉自收縮，以美學與美術史為主，輔以民族學；然而這類的書終不能割愛，所以想譯一本美學，想編一部比較的民族學，也都沒有成書。

我的不得法，第二是不能勤筆。我的讀書，本來抱一種利己主義，就是書裏面的短處，我不大去搜尋他，我止注意於我所認為有用的或可愛的材料。這本來不算壞。但是我的壞處，就是我雖讀的時候注意於這幾點，但往往為速讀起見，無暇把這幾點摘抄出來，或在書上做一點特別的記號。若是有時候想起來，除了德文書檢目特詳，尚易檢尋外，其他的書，幾乎不容易尋到了。我國現在有人編「索引」「引得」，等等。又專門的辭典，也逐漸增加，尋檢較易。但各人有各自的注意點，普通的檢目，斷不能

如自己記別的方便。我嘗見胡適之先生有一個時期，出門常常攜一兩本線裝書，在舟車上或其他忙裏偷閑時翻閱，見到有用的材料，就折角或以鉛筆作記號。我想他回家後或者尚有摘抄的手續。我記得有一部筆記，說王漁洋讀書時，遇有新雋的典故或詞句，就用紙條抄出，貼在書齋壁上，時時覽讀，熟了就揭去，換上新得的。所以他記得很多。這雖是文學上的把戲，但科學上何嘗不可以仿作呢？我因為從來懶得動筆，所以沒有成就。

我的讀書的短處，我已經經驗了許多的不方便，特地寫出來，望讀者鑒於我的短處，第一能專心，第二能勤筆。這一定有許多成效。

1935.05.10

1935.05
據
《教育雜誌》
第 25 卷第 5 號

關於讀經問題

　　讀經問題，是現在有些人主張：自小學起，凡學生都應在十三經中選出一部或一部以上作為讀本的問題。為大學國文系的學生講一點《詩經》，為歷史系的學生講一點《書經》與《春秋》，為哲學系的學生講一點《論語》《孟子》《易傳》與《禮記》，是可以贊成的。為中學生選幾篇經傳的文章，編入文言文讀本，也是可以贊成的。若要小學生也讀一點經，我覺得不妥當，認為無益而有損。

　　在主張讀經的人，一定為經中有很好的格言，可以終身應用，所以要讀熟他。但是有用的格言，我們可以用別種方式發揮他，不一定要用原文，例如《論語》說「恕」字，是「己所不欲，勿施於人」。又說是「我不欲人之加諸我也，我亦欲無加諸人」。在《禮記‧中庸》篇說是「施諸

己而不願，亦勿施諸人」。在《大學》篇說是「絜矩之道：所惡於上，毋以使下；所惡於下，毋以事上；所惡於前，毋以先後；所惡於後，毋以從前；所惡於右，毋以交於左；所惡於左，毋以交於右」。在《孟子》說「愛人者人恆愛之；敬人者人恆敬之」。又說「殺人之父，人亦殺其父；殺人之兄，人亦殺其兄」。這當然都是顛撲不破的格言，但太抽象了，兒童不容易領會。我們若用「並坐不橫肱」等具體事件，或用「狐以盤餉鶴，鶴以瓶餉狐」等寓言證明這種理論，反能引起興趣。又如《論語》說「志士仁人，有殺身以成仁，無求生以害仁」。《孟子》說「生，我所欲也；義，亦我所欲也，二者不可得兼，舍生而取義者也」。也說得斬釘截鐵的樣子，但是同兒童說明，甚難瞭解。我們要是借黃花崗七十二烈士或其他先烈的傳記來證明，就比較的有意思了。所以我認為呆讀經文，沒有多大益處。在司馬遷《史記》裏面，引《書經》的話，已經用翻譯法，為甚麼我們這個時代還要小孩子讀經書原文呢？

經書裏面，有許多不合於現代事實的話，在古人們處他們的時代，不能怪他；若用以教現代的兒童，就不相宜

了。例如尊君卑臣、尊男卑女一類的話。又每一部中總有後代人不容易瞭解的話，《論語》是最平易近人的，然而「鳳鳥不至」「子見南子」「色斯舉矣」等章，古今成年人都解釋不明白，要叫小孩子們硬讀，不怕窒礙他們的腦力麼？《易經》全部，都是吉、凶、悔、吝等信仰卜筮的話，一展卷就說「潛龍」「飛龍」。《詩經》是「國風好色」「小雅怨誹」，在成人或可體會那不淫不亂的界限，怎樣同兒童講明呢？一開卷就是「窈窕淑女，君子好逑」。《牡丹亭》曲本裏的杜麗娘，就因此而引起傷春病，雖是寓言，卻實有可以注意的地方。所以我認為小學生讀經，是有害的，中學生讀整部的經，也是有害的。

文化篇

1914 夏

1916
據
《旅歐教育運動》
世界社編印

《學風》雜誌發刊詞

今之時代，其全世界大交通之時代乎？昔者，吾人以我國為天下，而西方人亦以歐洲為世界。今也，軫域漸化，吾人既已認有所謂西方之文明，而彼西方人者，雖以吾國勢之弱，習俗之殊特，相與鄙夷之，而不能不承認為世界之一分子。有一世界博覽會焉，吾國之製作品必與列焉；有大學焉，苟其力足以包羅世界之學術，則吾國之語文、歷史，恆列為一科焉；有大藏書樓焉，苟其不以本國之文字為限，則吾國之圖籍，恆有存焉；有博物院焉，苟其宗旨在於集殊方之珍異，揭人類之真相，則吾國之美術品或非美術品，必在所搜羅焉。此全世界大交通之證也。

雖然，全世界之交通，非徒以國為單位，為國際間之交涉而已。在一方面，吾人不失其為家庭或民族或國家之

一分子；而他方面則又將不為此等種種關係所圍域⑴，與一切人類各立於世界一分子之地位，通力合作，增進世界之文化。此今日稍稍有知識者所公認也。夫全世界之各各分子，所謂通力合作以增進世界之文化者，為何事乎？其事固不勝枚舉，而其最完全不受他種社會之圍域，而合於世界主義者，其惟科學與美術乎（科學兼哲學言之）！法與德，世仇也，哲學、文學之書，互相傳譯，音樂、圖畫之屬，互相推重焉。猶太人，基督教國民所賤視也，遠之若斯賓諾莎之哲學、哈納之詩篇，近之若愛里希之醫學、布格遜之玄學，群焉推之，其他猶太人之積學而主講座於各國大學者，指不勝屈焉。波蘭人，亡國之民也，遠之若哥白尼之天文學、米開維之文學，近之若居梅禮之化學，推服者無異詞焉。而近今之以文學著者尚多，未聞有外視之者。東方各國，歐洲人素所歧視也，然而法國羅科科⑵時代之美術，參中國風，評鑒者公認之。意大利十六世紀之名畫，多襯遠景於人物之後，有參用中國宋元之筆意者，孟德堡言之。二十年來歐洲之國畫受影響於日本，而抒情詩則受影響於中國，尤以李太白之詩為甚，野該述之。歐

⑴ 圍域：圍，拘束、局限；域，限制。

⑵ 羅科科：現通譯為洛可可（Rococo），產生於法國、遍及歐洲的一種藝術形式或藝術風格，盛行於路易十五統治時期。

洲十八世紀之惟物哲學，受中國自然教之影響也，十九世紀之厭世哲學，受印度宗教之影響也，柏魯孫言之。歐洲也，印度也，中國也，其哲學思想之與真理也，以算學喻之，猶三座標之同系於一中心點也，加察林演說之。其平心言之如此，故曰：科學、美術，完全世界主義也。

方今全世界之人口，號千五百兆而弱，而中國人口號四百兆而強，佔四分之一有奇。其所居之地，則於全球陸地五千五百萬方里中佔有四百餘萬方里，佔十四分之一。其地產之豐腴，氣候之調適，風景之優秀而雄奇，其歷史之悠久，社會之複雜，古代學藝之足以為根柢，其可以貢獻於世界之科學、美術者何限？吾人試捫心而自問，其果有所貢獻否？彼歐洲人所謂某學某術受中國之影響者，皆中國古代之學術，非吾人所可引以解嘲者也。且正惟吾儕之祖先在交通較隘之時期，其所作述尚能影響於今之世界，歷千百年之遺傳以底於吾人，乃僅僅求如千百年以前所盡之責任而尚不可得，吾人之無以對世界，伊于胡底 (3) 耶？且使吾人姑退一步，不遽責以如彼歐人能擴其學術勢力於生活地盤之外，僅即吾人生活之地盤而核其學術之程

---

(3) 伊于胡底：伊，助詞，無義；于，往；胡，何；底，止。意思是「將落到甚麼地步」。

度，則吾人益將無地以自容。例如中國之地質，吾人未之測繪也，而德人李希和為之；中國之宗教，吾人未之博考也，而荷蘭人格羅為之；中國之古物，吾人未能為有系統之研究也，而法人沙望、英人勞斐為之；中國之美術史，吾人未之試為也，而英人布綏爾愛鏗、法人白羅克、德人孟德堡為之；中國古代之飾文，吾人未之疏證也，而德人賀斯曼及瑞士人諛脫為之；中國之地理，吾人未能準科學之律貫以記錄之也，而法人若可侶為之；西藏之地理風俗及古物，吾人未之詳考也，而瑞典人海丁竭二十餘年之力，考察而記錄之；辛亥之革命，吾人尚未有原原本本之紀述也，法人法什乃為之。其他若世界地理、通世界史、世界文明史、世界文學史、世界哲學史，莫不有中國一部分焉。庖人不治庖，尸祝越俎而代之，使吾人而尚自命為世界之分子者，寧得不自愧乎？

吾人徒自愧，無補也。無已，則亟謀所以自盡其責任之道而已。人亦有言，先秦時代，吾人之學術，較之歐洲諸國今日之所流行，業已具體而微，老莊之道學，非哲學乎？儒家之言道德，非倫理學乎？荀卿之正名，墨子之

《大取》《小取》，以及名家者流，非今之論理學乎？墨子之《經說》，非今之物理學乎？《爾雅》《本草》，非今之博物學、藥物學乎？《樂記》之言音律，《考工記》之言筍虡(4)，不猶今之所謂美學乎？宋人刻象為楮葉，三年而後成，亂之楮葉之中而不可辨也，不猶今之雕刻乎？周客畫策築十版之墻，鑿八尺之牖，以日始出時加之其上而觀之，盡成龍蛇禽獸，車馬萬物之狀備具，不猶今之所謂油畫乎？歸而求之有餘師(5)，閉門造車，出門合轍，吾儕其以復古相號召可矣，奚以輕家雞、寶野鶩、行萬里路而遊學為？

雖然，西人之學術，所以達今日之程度者，自希臘以來，固已積二千餘年之進步而後得之。吾先秦之文化，無以遠過於希臘，當亦吾同胞之所認許也。吾與彼分道而馳，既二千餘年矣，而始有羨於彼等所達之一境，則循自然公例，取最短之途徑以達之可也。乃曰吾必捨此捷徑，以二千餘年前之所詣為發足點，而奔軼絕塵以追之，則無論彼我速率之比較如何，苟使由是而彼我果有同等之一日，我等無益於世界之耗費，已非巧曆所能計矣。不觀日本之步趨歐化乎？彼固取最短之徑者也。行之且五十

---

(4) 筍虡：⊕ sǔn jù，懸鐘磬等樂器的木架。

(5) 餘師：很多可受教之處；很多可效法之處。

年，未敢曰與歐人達同等之地位也。然則吾即取最短之徑以往，猶懼不及，其又堪迂道焉！且不觀歐洲諸國之互相師法乎？彼其學術，固不失為對等矣，而學術之交通有加無已。一國之學者有新發明焉，他國之學術雜誌，競起而介紹之；有一學術之討論會焉，各國之學者，相聚而討論之。本國之高等教育既有完備之建設，而遊學於各國者實繁有徒。檢法國本學期大學生統計，外國留學者：德國二百四十人，英國二百十四人，意大利百五十四人，奧匈百三十五人，瑞士八十六人，俄國三千一百七十六人，北美合眾國五十四人。又觀德國本學期大學生統計，外國留學者：法國四十人，英國百五十人，意大利三十六人，奧匈八百八十七人，瑞士三百五十四人，俄國二千二百五十二人，北美合眾國三百四十八人。其在他種高等專門學校，及僅在大學旁聽者，尚不計焉。其他教員學生乘校假而為研究學術之旅行者，尚多有之。法國且設希臘文史學校於雅典，拉丁文史學校於羅馬，以為法國青年博士研究古文之所。設美術學校於羅馬，俾巴黎美術學校高才生得於其間為高深之研究。學術同等之國，其轉益

多師也如此，其他則何如乎？故吾人而不認歐洲之學術為有價值也則已耳，苟其認之，則所以急取而直追之者固有其道矣。

或曰：吾人之吸收外界文明也，不自今始，昔者印度之哲學，吾人固以至簡易之道得之矣。其高僧之渡來者，吾歡迎之，其經典之流入者，吾翻譯之。其間關跋涉親至天竺者，蔡愔、蘇物、法顯、玄奘之屬，寥寥數人耳。然而漢唐之間，儒家、道家之言，均為佛說所浸入，而建築、雕塑、圖畫之術，皆大行印度之風；書家之所揮寫，詩人之所諷詠，多與佛學為緣。至於宋代，則名為辟佛，而其學說受佛氏之影響者益以深遠，蓋佛學之輸入我國也至深博，而得之之道則至簡易。今日之於歐化，亦若是則已矣。

雖然，歐洲之學術，非可以佛學例之。佛氏之學，非不閎深，然其範圍以哲學之理論為限。而歐洲學術，則科目繁多，一科之中，所謂專門研究者，又別為種種之條目。其各條目之所資以研究而參考者，非特不勝其繁，而且非淺嘗者之所能卒爾而迻譯 (6) 也。且佛氏之學，其託

---

(6) 迻譯：⊕ yí yì，翻譯。

於語言文字者已有太涉跡象之嫌，而歐洲學術則所資以傳習者乃全恃乎實物。最近趨勢，即精神科學，亦莫不日傾於實驗。儀器之應用，不特理化學也，心理、教育諸科亦用之。實物之示教，不特博物學也，歷史、人類諸科亦尚之。實物不足，濟以標本；標本不具，濟以圖畫；圖畫不周，濟以表目。內革羅人之歌，以蓄音器傳之；羅馬之壁畫，以幻燈攝之；莎士比亞所演之舞臺，以模型表示之。其以具體者補抽象之語言如此。其他陳列所、博物院、圖書館種種參考之所，又復不勝枚舉。是皆非我國所有也。吾人即及此時而設備之，亦不知經幾何年而始幾於同等之完備，又非吾人所敢懸揣也。然則，吾人即欲憑多數之譯本以窺歐洲學術，較之遊學歐洲者，事倍而功半，固已了然。而況純粹學術之譯本，且求之而不可得耶？然則，吾人而無志於歐洲之學術則已，苟其有志，捨遊學以外，無他道也。

且吾人固非不勇於遊學者也。十年以前，留學日本者達三萬餘人。近雖驟減，其數聞尚逾三千人。若留歐之同學，則合各國而計之，尚不及此數三分之一也。豈吾人勇

於東渡而怯於西遊哉？毋亦學界之通閡，旅費之豐嗇，有以致之。日本與我同種同文，兩國學者常相與結文字之因緣，而彼國書報之輸入，所謂遊學指南、旅行案內之屬，不知不識之間，早留印象於腦海，一得機會，則乘興而赴之矣。於歐洲則否。歐人之來吾國而與吾人相習熟者，外交家耳，教士耳，商人耳，學者甚少。即有績學之士旅行於吾國者，亦非吾人之所注意。故吾人對於歐人之觀察，恆以粗鄙近利為口實，以為彼之所長者槍炮耳；繼則曰工藝耳，其最高者則曰政治耳。至於道德文章，則殆吾東方之專利品，非西人之所知也。其或不囿於此類之成見，而願一窮其底蘊，則又以費絀為言。以為歐人生活程度之高，與日本大異，一年旅費非三倍於東遊者不可，則又廢然而返矣。

方吾等之未來歐洲也，所聞亦猶是耳。至於今日，則對於學海之閎深，不能不為望洋向若之歎。而生活程度，準儉學會之所計劃，亦無以大過於日本，未聞不歎息於百聞不如一見之良言也。夫吾人今日之所見，既大殊於曩昔 (7) 之所聞，則吾國同胞之所聞，其有殊於吾人之所見，可推

---

(7) 曩昔：⟨普⟩ nǎng xī，從前。

而知。鹿得萃草，以為美食，則呦呦然相呼而共食之。田父負日之暄而暖，以為人莫知者，則願舉而獻之於其君。吾儕既有所見，不能不有以報告於吾國之同胞，吾儕之良心所命令也。以吾儕涉學之淺，更事之不多，歐洲學界之真相，為吾儕所窺見者殆不逮萬之一。以日力財力之有限，舉吾儕之所窺見，所能報告於同胞者，又殆不逮百之一。然則吾儕之所報告者，不能有幾何之價值，吾儕固稔知之。然而吾儕之情決不容以自己。是則吾儕之所以不自慚其弇陋 (8)，而有此《學風》雜誌之發刊者也。

---

(8) 弇陋：⊕ yǎn lòu，見識淺薄。

1916.08.15

1917.02.15
據
《東方雜誌》
第 14 卷第 2 號

文明之消化

　　凡生物之異於無生物者，其例證頗多，而最著之端，則為消化作用。消化者，吸收外界適當之食料而製煉之，使類化為本身之分子，以助其發達。此自微生物以至人類所同具之作用也。

　　人類之消化作用，不惟在物質界，亦在精神界。一人然，民族亦然。希臘民族吸收埃及、腓尼基諸古國之文明而消化之，是以有希臘之文明；高爾、日耳曼諸族吸收希臘、羅馬及阿拉伯之文明而消化之，是以有今日歐洲諸國之文明。吾國古代文明，有源出巴比侖之說，迄今尚未證實；漢以後，天方、大秦之文物，稍稍輸入矣，而影響不著；其最著者，為印度之文明。漢季，接觸之時代也；自晉至唐，吸收之時代也；宋，消化之時代也。吾族之哲

學、文學及美術，得此而放一異彩。自元以來，與歐洲文明相接觸，逾六百年矣，而未嘗大有所吸收，如球莖之植物、冬蟄之動物，恃素所貯蓄者以自贍。日趨羸瘠 (1)，亦固其所。至於今日，始有吸收歐洲文明之機會，而當其衝者，實為我寓歐之同人。

吸收者，消化之預備。必擇其可以消化者而始吸收之。食肉者棄其骨，食果者棄其核，未有渾淪 (2) 而吞之者也。印度文明之輸入也，其滋養果實為哲理，而埋蘊於宗教臭味之中。吸收者渾淪而吞之，致釀成消化不良之疾。鈎稽 (3) 哲理，如有宋諸儒，既不免拘牽門戶之成見；而普通社會，為宗教臭味所熏習，迷信滋彰，至今為梗。歐洲文明，以學術為中堅，本視印度為複雜；而附屬品之不可消化者，亦隨而多歧。政潮之排蕩，金力之劫持，宗教之拘忌，率皆為思想自由之障礙。使皆渾淪而吞之，則他日消化不良之弊，將視印度文明為尤甚。審慎於吸收之始，毋為消化時代之障礙。此吾儕所當注意者也。

且既有吸收，即有消化，初不必別有所期待。例如晉唐之間，雖為吸收印度文明時代，而其時「莊」「易」之

---

(1) 日趨羸瘠：日漸枯瘦。趨，同趨。羸，瘦弱。

(2) 渾淪：即囫圇，完整，整個。

(3) 鈎稽：探索考察。

演講，建築圖畫之革新，固已顯其消化之能力，否則其吸收作用，必不能如是之博大也。今之於歐洲文明，何獨不然？向使吾儕見彼此習俗之殊別，而不能推見其共通之公理，震新舊思想之衝突，而不能預為根本之調和，則臭味差池，即使強飲強食，其亦將出而哇 (4) 之耳！當吸收之始，即參以消化之作用，俾得減吸收時代之阻力，此亦吾人不可不注意者也。

---

(4) 哇：象聲詞，形容嘔吐的聲音。

1917.03.29

1920
據
《蔡孑民先生言行錄》
新潮社編

在清華學校高等科演說詞

兩種感想

　　鄙人今日參觀貴校，有兩種感想：一為愛國心，一為人道主義。溯貴校之成立，遠源於庚子之禍變 (1)。吾人對於往時國際交涉之失敗，人民排外之蠢動，不禁愧恥，而油然生愛國之心，一也。美國以正義為天下倡，特別退還賠款，為教育人才之用，吾人因感其誠而益信人道主義之終可實現，二也。此二感想，同時湧現於吾心中。夫國家主義與人道主義，初若不相容者，如國家自衞，則不能不有常設之軍隊。而社會之事業，若交通，若商業，本以致人生之樂利。乃因國界之分，遂反生種種障礙，種種壟斷。且以圖謀國家生存、國力發展之故，往往不恤以人

────────────

(1) 庚子之禍變：即義和團之亂。

道為犧牲。歐洲戰爭，是其著例。吾人對於現在國家之組織，斷不能云滿意，於是學者倡無政府主義，欲破壞政府之組織，以個人為單位，以人道為指歸。國家主義與世界主義之不相容，蓋如此矣。而何以在貴校所得之二感想，同時盤旋於吾心中？豈非以今日為兩主義過渡之時代，吾人固同具此愛國心與人道觀念歟？國家主義與世界主義之過渡，求之事實而可徵。今日世界慈善事業，若紅十字會等組織，已全泯國界。各國工會之集合，亦以人類為一體。至思想學術，則世界所公，本無國別。凡此皆日趨大同之明證。將來理想之世界，不難推測而知矣。蓋道德本有三級：（一）自他兩利；（二）雖不利己而不可不利他；（三）絕對利他，且損己亦所不恤。人與人之道德，有主張絕對利他，而今之國際道德，止於自他兩利，故吾人不能不同時抱愛國心與人道主義。惟其為兩主義過渡之時代，故不能不調劑之，使不相衝突也。

對於清華學生之希望

吾人之教育，亦為適應此時代之預備。清華學生，皆

欲求高深之學問於國外，對於此將來之學者，尤不能無特別之希望，故更貢數言如下：

一曰發展個性。分工之理，在以己之所長，補人之所短，而人之所長，亦還以補我之所短。故人類分子，決不當盡歸於同化，而貴在各能發達其特性。吾國學生遊學他國者，不患其科學程度之不若人，患其模仿太過而消亡其特性。所謂特性，即地理、歷史、家庭、社會所影響於人之性質者是已。學者言進化最高級為各具我性，次則各具個性。能保我性，則所得於外國之思想、言論、學術，吸收而消化之，盡為「我」之一部，而不為其所同化。否則留德者為國內增加幾輩德人，留法者、留英者，為國內增加幾輩英人、法人。夫世界上能增加此幾輩有學問，有德行之德人、英人、法人，寧不甚善？無如失其我性為可惜也。往者學生出外，深受刺激，其有毅力者，或緣之而益自發憤；其志行稍薄弱者，即棄捐其「我」而同化於外人。所望後之留學者，必須以「我」食而化之，而毋為彼所同化。學業修畢，更遍遊數邦，以盡吸收其優點，且發達我特性也。

　　二曰信仰自由。吾人赴外國後，見其人不但學術政事優於我，即品行風俗亦優於我，求其故而不得，則曰是宗教為之。反觀國內，黑暗腐敗，不可救療，則曰是無信仰為之。於是或信從基督教，或以中國不可無宗教，而又不願自附於耶教，因欲崇孔子為教主，皆不明因果之言也。彼俗化之美，仍由於教育普及，科學發達，法律完備。人人於因果律知之甚明，何者行之而有利，何者行之而有害，辨別之甚析，故多數人率循正軌耳。於宗教何與？至於社會上一部分之黑暗，何國蔑有，不可以觀察未周而為懸斷也。質言之，道德與宗教，澀不相涉。故行為不能極端自由，而信仰則不可不自由。行為之標準，根於習慣；習慣之中往往有並無善惡是非之可言，而社交上不能不率循之者。苟無必不可循之理由，而故與違反，則將受多數人無謂之嫌忌，而我固有之目的，將因之而不得達。故入境問禁，入國問俗，不能不有所遷就。此行為之不能極端自由也。若夫信仰則屬之吾心，與他人毫無影響，初無遷就之必要。昔之宗教，本初民神話創造萬物末日審判諸說，不合科學，在今日信者蓋寡。而所謂與科學不相衝突

之信仰，則不過玄學問題之一假定答語。不得此答話，則此問題終梗於吾心而不快。吾又窮思冥索而不得，則且於宗教哲學之中，擇吾所最契合之答語，以相慰藉焉。孔之答語可也，耶之答話可也，其他無量數之宗教家、哲學家之答語亦可也。信仰之為用如此。既為聊相慰藉之一假定答語，吾必取其與我最契合者，則吾之抉擇有完全之自由，且亦不能限於現在少數之宗教。故曰，信仰期於自由也。明乎此，則可以勿眩於習聞之宗教說矣。

三曰服役社會。美洲有取締華工之法律，雖由工價賤，而美工人不能與之競爭，致遭擯斥，亦由我國工人知識太低，行為太劣，而有以自取其咎。唐人街之腐敗，久為世所詬病。留學生對於此不幸之同胞，有補救匡正之天職。歐洲留學界已有行之者，如巴黎之儉學會，對於法國招募華工，力持工價與法人平等及工人應受教育之議。儉學會並設一華工學校，授工人以簡易國文、算術及法語，又刊《華工雜誌》，用白話撰述，別附中法文對照之名詞短語，以牖華工之知識。英國留學生亦有同樣之事業，其所出雜誌，定名《工讀》。是皆於求學之暇，為同胞謀幸

福者也。美洲華工,其需此種扶助尤急,而商人巨賈,不暇過問,惟待將來之學者急起圖之耳。貴校平日對於社會服役,提倡實行,不遺餘力,如校役夜課及通俗演講等,均他校所未嘗有。竊望常抱此主義,異日到美後,推行於彼處之華工,則造福宏矣。

1919.10.20

1919.10.22

據

《北京大學日刊》

杜威六十歲生日晚餐會致詞

今日是北京教育界四團體公祝杜威博士六十歲生日的晚餐會。我以代表北京大學的資格，得與此會，深為慶幸。我所最先感想的，就是博士與孔子同一生日，這種時間的偶合，在科學上沒有甚麼關係；但正值博士留滯我國的時候，我們發現這相同的一點，我們心理上不能不有特別的感想。

博士不是在我們大學說：現今大學的責任，就該在東西文明作媒人麼？又不是說：博士也很願分負此媒人的責任麼？博士的生日，剛是第六十次；孔子的生日，已經過二千四百七十次，就是四十一又十個六十次，新舊的距離很遠了。博士的哲學，用十九世紀的科學作根據，用孔德的實證哲學、達爾文的進化論、詹美士的實用主義遞演而成的，我們敢認為西洋新文明的代表。孔子的哲學，雖不能包括中

國文明的全部，卻可以代表一大部分；我們現在暫認為中國舊文明的代表。孔子說尊王，博士說平民主義；孔子說女子難養，博士說男女平權；孔子說述而不作，博士說創造。這都是根本不同的。因為孔子所處的地位時期，與博士所處的地位時期，截然不同；我們不能怪他。但我們既然認舊的亦是文明，要在他裏面尋出與現代科學精神不相衝突的，非不可能。即以教育而論，孔子是中國第一個平民教育家。他的三千個弟子，有狂的，有狷的，有愚的，有魯的，有辟的，有喭⑴的，有富的如子貢，有貧的如原憲；所以東郭、子思說他太雜。這是他破除階級的教育的主義。他的教育，用禮、樂、射、御、書、數的六藝作普通學；用德行、政治、言語、文學的四科作專門學。照《論語》所記的，問仁的有若干，他的答語不一樣；問政的有若干，他的答語也不是一樣。這叫作是「因材施教」。可見他的教育，是重在發展個性，適應社會，決不是拘泥形式，專講劃一的。孔子說：「學而不思則罔，思而不學則殆。」這就是經驗與思想並重的意義。他說：「多聞闕疑，慎言其餘；多見闕殆，慎行其餘。」這就是試驗的意義。

⑴ 喭：🔊 yàn，粗魯，率直。

　　我覺得孔子的理想與杜威博士的學說很有相同的點。這就是東西文明要媒合的證據了。但媒合的方法，必先要領得西洋科學的精神，然後用它來整理中國的舊學說，才能發生一種新義。如墨子的名學，不是曾經研究西洋名學的胡適君，不能看得十分透澈，就是證據。孔子的人生哲學與教育學，不是曾研究西洋人生哲學與教育學的，也決不能十分透澈，可以適用於今日的中國。所以我們覺得返憶舊文明的興會，不及歡迎新文明的濃摯。因而對於杜威博士的生日，覺得比較那尚友古人，尤為親切。自今以後，孔子生日的紀念，再加了幾次或幾十次，孔子已經沒有自身活動的表示；一般治孔學的人，是否於社會上有點貢獻，是一個問題。博士的生日，加了幾次以至幾十次，博士不絕的創造，對於社會上必更有多大的貢獻。這是我們用博士已往的歷史可以推想而知的。兼且我們作孔子生日的紀念，與孔子沒有直接的關係；我們作博士生日的慶祝，還可以直接請博士的賜教。所以對於博士的生日，我們覺得尤為親切一點。我謹代表北京大學全體舉一觴。祝杜威博士萬歲！

1921.06.14

據
蔡元培手稿

東 西 文 化 結 合
—— 在華盛頓喬治城大學演說詞

當一九一九年九月間國立北京大學行暑假後開學式，請杜威博士演說。彼說「現代學者當為東西文化作媒介，我願盡一分子之義務，望大學諸同人均盡力此事」云云。此確為現代的重要問題。其中包有兩點：（一）以西方文化輸入東方；（二）以東方文化傳佈西方。

綜觀歷史，凡不同的文化互相接觸，必能產出一種新文化。如希臘人與埃及及美瑣波達米諸國接觸，所以產生雅典的文化。羅馬人與希臘文化接觸，所以產出羅馬的文化。撒克遜人、高盧人、日耳曼人與希臘羅馬文化接觸，所以產出歐美諸國的文化。這不是顯著的例證麼？就在中國，與印度文化接觸後，產出十世紀以後的新文化，也是這樣。

　　東方各國輸入西方文化，在最近一世紀內，各方面都很盡力。如日本，如暹羅，傳佈的很廣。中國地大人眾，又加以四千餘年舊文化的抵抗力，輸入作用，尚未普及。但現今各地方都設新式學校，年年派學生到歐美各國留學，翻譯歐美學者的著作，都十分盡力。我想十年或二十年後，必能使全國人民都接觸歐美文化。

　　至於西方文化，固然用希伯來的基督教與希臘、羅馬的文化為中堅，但文藝中興時代，受了阿拉伯與中國的影響，已經不少。到近代，幾個著名的思想家，幾乎沒有不受東方哲學的影響的。如 Schopenhauer [1] 的厭世哲學，是採用印度哲學的。Nietzsche [2] 的道德論，是採用阿拉伯古學的。Tolstoy [3] 的無抵抗主義，是採用老子哲學的。現代 Bergson [4] 的直覺論，也是與印度古代哲學有關係的。尤其是此次大戰以後，一般思想界，對於舊日機械論的世界觀，對於顯微鏡下專注分析而忘卻綜合的習慣，對於極端崇拜金錢、崇拜勢力的生活觀，均深感為不滿足。欲更進一步，求一較為美善的世界觀、人生觀，

[1] Schopenhauer：叔本華，著名德國哲學家。
[2] Nietzsche：尼采，著名德國哲學家。
[3] Tolstoy：托爾斯泰，著名俄國小說家、哲學家。
[4] Bergson：柏格森，著名法國哲學家。

尚不可得。因而推想彼等所未發見的東方文化，或者有可以應此要求的希望。所以對於東方文化的瞭解，非常熱心。

我此次遊歷，經歐洲各國，所遇的學者，無不提出此一問題。舉其最重要者，如德國哲學家 Eucken (5) 氏，深願依 Dewey、Russell 的前例，往中國一遊。因年逾七十，為其夫人所阻。近請吾友張嘉森（C.S.Chang）譯述中國倫理舊說，新著為《中國人的倫理學》一書。法國的數學家 Painlevé 氏既發起中國學院於巴黎大學，近益遍訪深通中國學術的人延任教授。英國的社會學家 Wells 教授與其同志與我約，由英、華兩方面各推舉學者數人，組織一互相報告的學術通訊社，互通學術上的消息。歐洲學者熱心於瞭解東方文化，可見一斑了。至於歐洲新派的詩人，崇拜李白及其他中國詩人，歐洲的新派圖畫家，如 Impressionism、Expressionism 等，均自稱深受中國畫的影響，更數見不鮮了。

加以中國學者，近亦鑒於素樸之中國學說或過度歐化的中國哲學譯本，均不足以表示東方文化真相於歐美人。

---

(5) Eucken：倭鏗，德國唯心主義哲學家。

現已着手用科學方法整理中國舊籍而翻譯之，如吾友胡適的《墨子哲學》，是其中的一種。

照這各方面看起來，東西文化交通的機會已經到了。我們只要大家肯盡力就好。

世界觀篇

1912 冬

1916
據
世界社《民德雜誌》
創刊號
法國都爾斯出版社

世界觀與人生觀

世界無涯涘也，而吾人乃於其中佔有數尺之地位；世界無終始也，而吾人乃於其中佔有數十年之壽命；世界之遷流如是其繁變也，而吾人乃於其中佔有少許之歷史。以吾人之一生較之世界，其大小久暫之相去，既不可以數量計；而吾人一生又決不能有幾微遁出於世界以外。則吾人非先有一世界觀，決無所容噱 (1) 於人生觀。

雖然，吾人既為世界之一分子，決不能超出世界以外，而考察一客觀之世界，則所謂完全之世界觀，何自而得之乎？曰：凡分子必具有全體之本性；而即為分子則因其所值之時地而發生種種特性；排去各分子之特性，而得一通性，則即全體之本性矣。吾人為世界一分子，凡吾人意識所能接觸者，無一非世界之分子。研究吾人之意識，

---

(1) 噱：鳥獸的嘴，引申為說。

而求其最後之元素，為物質及形式，猶相對待也。超物質形式之畛域而自在者，惟有意志。於是吾人得以意志為世界各分子之通性，而即以是為世界之本性。

本體世界之意志，無所謂鵠的也。何則？一有鵠的，則懸之有其所，達之有其時，而不得不循因果律以為達之之方法，是仍落於形式之中，含有各分子之特性，而不足以為本體。故說者以本體世界為黑暗之意志，或謂之盲瞽 (2) 之意志，皆所以形容其異於現象世界各各之意志也。現象世界各各之意志，則以回向本體為最後之大鵠的。其間接以達於此大鵠的者，又有無量數之小鵠的。各以其間接於最後大鵠的之遠近，為其大小之差。

最後之大鵠的何在？曰：合世界之各分子，息息相關，無復有彼此之差別，達於現象世界與本體世界相交之一點是也。自宗教家言之，吾人固未嘗不可一瞬間超軼現象世界種種差別之關係，而完全成立為本體世界之大我。然吾人於此時期，既尚有語言文字之交通，則已受範於漸法 (3) 之中，而不以頓法 (4)，於是不得不有所謂種種間接之作用，綴輯此等間接作用，使釐然 (5) 有系統可尋者，進

---

(2) 瞽：⟨音⟩ gǔ，瞎眼的人。

(3) 漸法：即漸悟，佛教名詞。

(4) 頓法：即頓悟，佛教名詞。

(5) 釐然：經過整理而使之系統有序。

化史也。

統大地之進化史而觀之，無機物之各質點，自自然引力外，殆無特別相互之關係；進而為有機之植物，則能以質點集合之機關，共同操作，以行其延年傳種之作用；進而為動物，則又於同種類間為親子朋友之關係，而其分職通功之例，視植物為繁；及進而為人類，則由家庭而宗族，而社會，而國家，而國際，其互相關係之形式，既日趨於博大，而成績所留，隨舉一端，皆有自閡而通、自別而同之趨勢。例如昔之工藝，自造之，而自用之耳。今則一人之所享受，不知經若干人之手而後成。一人之所操作，不知供若干人之利用。昔之知識，取材於鄉土志耳。今則自然界之記錄，無遠弗屆。遠之星體之運行，小之原子之變化，皆為科學所管領。由考古學、人類學之互證，而知開明人之祖先，與未開化人無異。由進化學之研究，而知人類之祖先與動物無異。是以語言、風俗、宗教、美術之屬，無不合大地之人類以相比較。而動物心理、動物言語之屬，亦漸為學者所注意。昔之同情，及最近者而止耳。是以同一人類，或狀貌稍異，即痛癢不復相關，而甚

至於相食；其次則死之，奴之。今則四海兄弟之觀念，為人類所公認。而肉食之戒，虐待動物之禁，以漸流布。所謂仁民而愛物者，已成為常識焉。夫已往之世界，經其各分子經營而進步者，其成績固已如此。過此以往，不亦可比例而知之歟？

道家之言曰：「知足不辱，知止不殆。」又曰：「小國寡民，使有什伯之器而不用，使民重死而不遠徙，雖有舟輿，無所乘之。雖有甲兵，無所陳之。使民復結繩而用之。甘其食，美其服，安其居，樂其俗。鄰國相望，雞狗之聲相聞，民至老死而不相往來。」此皆以目前之幸福言之也。自進化史考之，則人類精神之趨勢，乃適與相反。人滿之患，雖自昔藉為口實，而自昔探險新地者，率生於好奇心，而非為飢寒所迫。南北極苦寒之所，未必於吾儕生活有直接利用之資料，而冒險探極者踵相接。由椎輪⑹而大輅⑺，由桴槎而方舟，足以濟不通矣；乃必進而為汽車、汽船及自動車之屬。近則飛艇、飛機，更為競爭之的。其構造之初必有若干之試驗者供其犧牲，而初不以及身之不及利用而生悔。文學家、美術家最高尚之

⑹ 椎輪：無幅原始車。

⑺ 大輅：指大車。

著作，被崇拜者或在死後，而初不以及身之不得信用而輟業，用以知，為將來而犧牲現在者，又人類之通性也。

人生之初，耕田而食，鑿井而飲，謀生之事，至為繁重，無暇為高尚之思想。自機械發明，交通迅速，資生之具，日趨於便利。循是以往，必有菽粟 (8) 如水火之一日，使人類不復為口腹所累，而得專致力於精神之修養。今雖尚非其時，而純理之科學、高尚之美術，篤嗜者固已有甚於飢渴，是即他日普及之朕兆也。科學者，所以祛現象世界之障礙，而引致於光明。美術者，所以寫本體世界之現象，而提醒其覺性。人類精神之趨向既毗於是，則其所到達之點蓋可知矣。

然則，進化史所以詔吾人者：人類之義務，為群倫不為小己，為將來不為現在，為精神之愉快，而非為體魄之享受，固已彰明而較著矣。而世之誤讀進化史者，乃以人類之大鵠的，為不外乎具其一身與種姓之生存，而遂以強者權利為無上之道德。夫使人類果以一身之生存為最大之鵠的，則將如神仙家所主張，而又何有於種姓？如曰人類固以綿延其種姓為最後之鵠的，則必以保持其單純之種

---

(8) 菽粟：⊜ shú sù，豆類及穀類。

姓為第一義，而同姓相婚，其生不蕃。古今開明民族，往往有幾許之混合者。是兩者何足以為究竟之鵠的乎？孔子曰：「生無所息。」莊子曰：「造物勞我以生。」諸葛孔明曰：「鞠躬盡瘁，死而後已。」是吾身之所以欲生存也。北山愚公之言曰：「雖我之死，有子存焉。子又生孫，孫又生子，子子孫孫，無窮匱也；而山不加增，何苦而不平？」是種姓之所以欲生存也。人類以在此世界有當盡之義務，不得不生存其身體；又以此義務者非數十年之壽命所能竣，而不得不謀其種姓之生存；以圖其身體若種姓之生存，而不能不有所資以營養，於是有吸收之權利。又或吾人所以盡務之身體若種姓，及夫所資以生存之具，無端受外界之侵害，將坐是而失其所以盡義務之自由，於是有抵抗之權利。此正負兩式之權利，皆由義務而演出者也。今日吾人無所謂義務，而權利則可以無限。是猶同舟共濟，非合力不足以達彼岸，乃強有力者以進行為多事，而劫他人所持之棹楫以為己有，豈非顛倒之尤者乎。

　　昔之哲人，有見於大鵠的之所在，而於其他無量之小鵠的，又準其距離於大鵠的之遠近，以為大小之差。於其

常也，大小鵠的並行而不悖。孔子曰：「己欲立而立人，己欲達而達人。」孟子曰：「好樂、好色、好貨，與人同之。」是其義也。於其變也，紬小以申大。堯知子丹朱之不肖，不足授天下。授舜則天下得其利而丹朱病，授丹朱則天下病而丹朱得其利。堯曰終不以天下之病，而利一人，而卒授舜以天下。禹治洪水，十年不窺其家。孔子曰：「志士仁人，無求生以害仁，有殺身以成仁。」墨子摩頂放踵[9]，利天下為之。孟子曰：「生與義不可得兼，舍生而取義。」范文正曰：「一家哭，何如一路哭。」是其義也。循是以往，則所謂人生者，始合於世界進化之公例，而有真正之價值。否則，莊生所謂天地之委形委蛻[10]已耳，何足道也。

---

(9) 摩頂放踵：從頭到腳都磨傷了，形容不辭勞苦。

(10) 委形委蛻：天地自然所付予的形體和軀殼。

1917.04.08

1920
據
《蔡子民先生言行錄》
新潮社編

以美育代宗教說

—— 在北京神州學會演講

　　兄弟於學問界未曾為系統的研究，在學會中本無可以
表示之意見。惟既承學會諸君子責以講演，則以無可如何
中，擇一於我國有研究價值之問題，為到會諸君一言，即
「以美育代宗教」之說是也。

　　夫宗教之為物，在彼歐西各國，已為過去問題。蓋宗
教之內容，現皆經學者以科學的研究解決之矣。吾人遊歷
歐洲，雖見教堂棋布，一般人民亦多入堂禮拜，此則一種
歷史上之習慣。譬如前清時代之袍褂，在民國本不適用，
然因其存積甚多，毀之可惜，則定為乙種禮服而沿用之，
未嘗不可。又如祝壽會葬之儀，在學理上了無價值，然戚
友中既以請帖訃聞相招，勢不能不循例參加，藉通情愫。

歐人之沿習宗教儀式，亦猶是耳。所可怪者，我中國既無歐人此種特別之習慣，乃以彼邦過去之事實作為新知，竟有多人提出討論。此則由於留學外國之學生，見彼國社會之進化，而誤聽教士之言，一切歸功於宗教，遂欲以基督教勸導國人。而一部分之沿習舊思想者，則承前說而稍變之，以孔子為我國之基督，遂欲組織孔教，奔走呼號，視為今日重要問題。

　　自兄弟觀之，宗教之原始，不外因吾人精神作用而構成。吾人精神上之作用，普通分為三種：一曰知識，二曰意志，三曰感情。最早之宗教，常兼此三作用而有之。蓋以吾人當未開化時代，腦力簡單，視吾人一身與世界萬物均為一種不可思議之事。生自何來？死將何往？創造之者何人？管理之者何術？凡此種種，皆當時之人所提出之問題，以求解答者也。於是有宗教家勉強解答之。如基督教推本於上帝，印度舊教則歸之梵天，我國神話則歸之盤古。其他各種現象，亦皆以神道為惟一之理由。此知識作用之附麗於宗教者也。且吾人生而有生存之欲望，由此欲望而發生一種利己之心。其初以為非損人不能利己，故恃

強凌弱、掠奪攫取之事，所在多有。其後經驗稍多，知利人之不可少，於是有宗教家提倡利他主義。此意志作用之附麗於宗教者也。又如跳舞、唱歌，雖野蠻人亦皆樂此不疲。而對於居室、雕刻、圖畫等事，雖石器時代之遺跡，皆足以考見其愛美之思想。此皆人情之常，而宗教家利用之以為誘人信仰之方法。於是未開化人之美術，無一不與宗教相關聯。此又情感作用之附麗於宗教者也。天演之例，由渾而畫。當時精神作用至為渾沌，遂結合而為宗教，又並無他種學術與之對，故宗教在社會上遂具有特別之勢力焉。

　　迨後社會文化日漸進步，科學發達，學者遂舉古人所謂不可思議者，皆一一解釋之以科學。日星之現象、地球之緣起、動植物之分佈、人種之差別，皆得以理化、博物、人種、古物諸科學證明之。而宗教家所謂吾人為上帝所創造者，從生物進化論觀之，吾人最初之始祖，實為一種極小之動物，後始日漸進化為人耳。此知識作用離宗教而獨立之證也。宗教家對於人群之規則，以為神之所定，可以永遠不變。然希臘詭辯家因巡遊各地之故，知各民族之所謂道德，往往互相抵觸，已懷疑於一成不變之原則。

近世學者據生理學、心理學、社會學之公例，以應用於倫理，則知具體之道德不能不隨時隨地而變遷；而道德之原理則可由種種不同之具體者而歸納以得之；而宗教家之演繹法，全不適用。此意志作用離宗教而獨立之證也。

知識、意志兩作用，既皆脫離宗教以外，於是宗教所最有密切關係者，惟有情感作用，即所謂美感。凡宗教之建築，多擇山水最勝之處，吾國人所謂「天下名山僧佔多」，即其例也。其間恆有古木名花，傳播於詩人之筆，是皆利用自然之美以感人者。其建築也，恆有峻秀之塔、崇閎幽邃之殿堂，飾以精緻之造像、瑰麗之壁畫，構成黯淡之光線，佐以微妙之音樂。讚美者必有著名之歌詞，演說者必有雄辯之素養，凡此種種，皆為美術作用，故能引人入勝。苟舉以上種種設施而屏棄之，恐無能為役矣。然而美術之進化史，實亦有脫離宗教之趨勢。例如吾國南北朝著名之建築，則伽藍 (1) 耳，其雕刻則造像耳，圖畫則佛像及地獄變相之屬為多；文學之一部分，亦與佛教為緣。而唐以後詩文，遂多以風景人情世事為對象；宋元以後之圖畫，多寫山水花鳥等自然之美。周以前之鼎彝，皆用諸

---

(1) 伽藍：梵語 saṃghārāma 音譯的省略，即寺院。

祭祀。漢唐之吉金，宋元以來之名瓷，則專供把玩。野蠻時代之跳舞，專以娛神，而今則以之自娛。歐洲中古時代留遺之建築，其最著者率為教堂，其雕刻圖畫之資料，多取諸新、舊約；其音樂，則附麗於讚美歌；其演劇，亦排演耶穌故事，與我國舊劇《目蓮救母》相類。及文藝復興以後，各種美術，漸離宗教而尚人文。至於今日，宏麗之建築，多為學校、劇院、博物院，而新設之教堂，有美學上價值者，幾無可指數。其他美術，亦多取資於自然現象及社會狀態。於是以美育論，已有與宗教分合之兩派。以此兩派相較，美育之附麗於宗教者，常受宗教之累，失其陶養之作用，而轉以激刺感情。蓋無論何等宗教，無不有擴張己教、攻擊異教之條件。回教之謨罕默德，左手持《可蘭經》，而右手持劍，不從其教者殺之。基督教與回教衝突，而有十字軍之戰，幾及百年。基督教中又有新、舊教之戰，亦互數十年之久。至佛教之圓通，非他教所能及。而學佛者苟有拘牽教義之成見，則崇拜舍利受持經懺之陋習，雖通人亦肯為之，甚至為護法起見，不惜於共和時代，附和帝制。宗教之為累，一至於此，皆激刺感情之作用為之也。

　　鑒激刺感情之弊，而專尚陶養感情之術，則莫如捨宗教而易以純粹之美育。純粹之美育，所以陶養吾人之感情，使有高尚純潔之習慣，而使人我之見、利己損人之思念，以漸消沮者也。蓋以美為普遍性，決無人我差別之見能參入其中。食物之入我口者，不能兼果他人之腹；衣服之在我身者，不能兼供他人之溫，以其非普遍性也。美則不然。即如北京左近之西山，我遊之，人亦遊之；我無損於人，人亦無損於我也。隔千里兮共明月，我與人均不得而私之。中央公園之花石，農事試驗場之水木，人人得而賞之。埃及之金字塔、希臘之神祠、羅馬之劇場，瞻望賞歎者若干人，且歷若干年，而價值如故。各國之博物院，無不公開者，即私人收藏之珍品，亦時供同志之賞覽。各地方之音樂會、演劇場，均以容多數人為快。所謂獨樂樂不如與人樂樂，與寡樂樂不如與眾樂樂，以齊宣王之惛，尚能承認之，美之為普遍性可知矣。且美之批評，雖間亦因人而異，然不曰是於我為美，而曰是為美，是亦以普遍性為標準之一證也。

　　美以普遍性之故，不復有人我之關係，遂亦不能有

利害之關係。馬牛，人之所利用者，而戴嵩所畫之牛，韓幹所畫之馬，決無對之而作服乘之想者。獅虎，人之所畏也，而盧溝橋之石獅，神虎橋之石虎，決無對之而生搏噬之恐者。植物之花，所以成實也，而吾人賞花，決非作果實可食之想。善歌之鳥，恆非食品；燦爛之蛇，多含毒液。而以審美之觀念對之，其價值自若。美色，人之所好也，對希臘之裸像，決不敢作龍陽之想；對拉飛爾若魯濱司之裸體畫，決不敢有周昉秘戲圖之想。蓋美之超絕實際也如是。且於普通之美以外，就特別之美而觀察之，則其義益顯。例如崇閎 (2) 之美，有至大、至剛兩種。至大者如吾人在大海中，惟見天水相連，茫無涯涘；又如夜中仰數恆星，知一星為一世界，而不能得其止境，頓覺吾身之小雖微塵不足以喻，而不知何者為所有。其至剛者，如疾風震霆，覆舟傾屋，洪水橫流，火山噴薄，雖拔山蓋世之氣力，亦無所施，而不知何者為好勝。夫所謂大也，剛也，皆對待之名也。今既自以為無大之可言，無剛之可恃，則且忽然超出乎對待之境，而與前所謂至大、至剛者胐合而為一體，其愉快遂無限量。當斯時也，又豈尚有利害得喪

---

(2) 崇閎：高大宏偉。

之見能參入其間耶！其他美育中，如悲劇之美，以其能破除吾人貪戀幸福之思想。《小雅》之怨悱，屈子之離憂，均能特別感人。《西廂記》若終於崔、張團圓，則平淡無奇；惟如原本之終於草橋一夢，始足發人深省。《石頭記》若如《紅樓後夢》等，必使寶黛成婚，則此書可以不作；原本之所以動人者，正以寶黛之結果一死一亡，與吾人之所謂幸福全然相反也。又如滑稽之美，以不與事實相應為條件。如人物之狀態，各部分互有比例，而滑稽畫中之人物，則故使一部分特別長大或特別短小。作詩則故為不諧之聲調，用字則取資於同音異義者。方朔割肉以遺細君，不自責而反自誇；優旃諫漆城，不言其無益，而反謂漆城蕩蕩，寇來不得上，皆與實際不相容，故令人失笑耳。要之，美學之中，其大別為都麗之美、崇閎之美（日本人譯言優美、壯美）。而附麗於崇閎之悲劇，附麗於都麗之滑稽，皆足以破人我之見，去利害得失之計較，則其所以陶養性靈，使之日進於高尚者，固已足矣。又何取乎侈言 (3) 陰騭、攻擊異派之宗教，以激刺人心，而使之漸喪其純粹之美感為耶？

---

(3) 侈言：⑭ chǐ yán，誇大的言辭。

1918.11.16

1918.11.27

據

《北京大學日刊》

勞工神聖

—— 在慶祝協約國勝利演說大會上的演說詞

諸君！

這次世界大戰爭，協商國竟得最後勝利，可以消滅種種黑暗的主義，發展種種光明的主義。我昨日曾經說過，可見此次戰爭的價值了。但是我們四萬萬同胞，直接加入的，除了在法國的十五萬華工，還有甚麼人？這不算怪事！此後的世界，全是勞工的世界呵！

我說的勞工，不但是金工、木工等等，凡用自己的勞力作成有益他人的事業，不管他用的是體力、是腦力，都是勞工。所以農是種植的工，商是轉運的工，學校職員、著述家、發明家是教育的工，我們都是勞工。我們要自己認識勞工的價值。勞工神聖！我們不要羨慕那憑藉遺產的

紈絝兒!不要羨慕那賣國營私的官吏!不要羨慕那剋扣軍餉的軍官!不要羨慕那操縱票價的商人!不要羨慕那領乾修的顧問咨議!不要羨慕那出售選舉票的議員!他們雖然奢侈點,但是良心上不及我們的平安多了。我們要認清我們的價值。勞工神聖!

1919.12.07

1920
據
《蔡孑民先生言行錄》
新潮社編

義務與權利

—— 在女子師範學校演講

貴校成立，於茲十載，畢業生之服務於社會者，甚有聲譽，鄙人甚所欽佩。今日承方校長囑以演講，鄙人以諸君在此受教，是諸君之權利；而畢業以後即當任若干年教員，即諸君之義務，故願為諸君說義務與權利之關係。

權利者，為所有權、自衛權等，凡有利於己者，皆屬之。義務則凡盡吾力而有益於社會者皆屬之。

普通之見，每以兩者為互相對待，以為既盡某種義務，則可以要求某種權利，既享某種權利，則不可不盡某種義務。如買賣然，貨物與金錢，其值相當是也。然社會上每有例外之狀況，兩者或不能兼得，則勢必偏重其一。如楊朱為我，不肯拔一毛以利天下；德國之斯梯納

（Steiner）及尼朵（Nietzsche）等，主張惟我獨尊，而以利他主義為奴隸之道德。此偏重權利之說也。墨子之道，節用而兼愛。孟子曰，生與義「不可得兼，舍生而取義」。此偏重義務之說也。今欲比較兩者之輕重，以三者為衡。

（一）**以意識之程度衡之**。下等動物，求食物，衛生命，權利之意識已具；而互助之行為，則於較為高等之動物始見之。昆蟲之中，蜂蟻最為進化。其中雄者能傳種而不能作工。傳種既畢，則工蜂、工蟻刺殺之，以其義務無可再盡，即不認其有何等權利也。人之初生，即知吮乳，稍長則飢而求食，寒而求衣，權利之意義具，而義務之意識未萌；及其長也，始知有對於權利之義務，且進而有公而忘私、國而忘家之意識。是權利之意識，較為幼稚；而義務之意識，較為高尚也。

（二）**以範圍之廣狹衡之**。無論何種權利，享受者以一身為限；至於義務，則如振興實業，推行教育之類，享其利益者，其人數可以無限。是權利之範圍狹，而義務之範圍廣也。

（三）**以時效之久暫衡之**。無論何種權利，享受者以

一生為限。即如名譽，雖未嘗不可認為權利之一種，而其人既死，則名譽雖存，而所含個人權利之性質，不得不隨之而消滅。至於義務，如禹之治水，雷綏佛（Lesserps）之鑿蘇彝士河，汽機、電機之發明，文學家、美術家之著作，則其人雖死，而效力常存。是權利之時效短，而義務之時效長也。

由是觀之，權利輕而義務重，且人類實為義務而生存。例如人有子女，即生命之派分，似即生命權之一部。然除孝養父母之舊法而外，曾何權利之可言？至於今日，父母已無責備子女以孝養之權利，而飲食之，教誨之，乃為父母不可逃之義務。且列子稱愚公之移山也，曰：「雖我之死，有子存焉。子又生孫，孫又生子，子子孫孫，無窮匱也，而山不加增，何苦而不平？」雖為寓言，實含至理。蓋人之所以有子孫者，為夫生年有盡，而義務無窮；不得不以子孫為延續生命之方法，而於權利無關。是即人之生存，為義務而不為權利之證也。

惟人之生存，既為義務，則何以又有權利？曰：「盡義務者在有身，而所以保持此身，使有以盡義務者，曰權

利。如汽機然，非有燃料，則不能作工，權利者，人身之燃料也。故義務為主，而權利為從。」

義務為主，則以多為貴，故人不可以不勤；權利為從，則適可而止，故人不可以不儉。至於捐所有財產，以助文化之發展，或冒生命之危險，而探南北極、試航空術，則皆可為善盡義務者。其他若厭世而自殺，實為放棄義務之行為，故倫理學家常非之。然若其人既自知無再盡義務之能力，而坐享權利，或反以其特別之疾病若罪惡，貽害於社會，則以自由意志而決然自殺，亦有可諒者。獨身主義亦然，與謂為放棄權利，毋寧謂為放棄義務。然若有重大之義務，將竭畢生之精力以達之，而不願為家室所累；又或自忖體魄，在優種學上者不適於遺傳之理由，而決然抱獨身主義，亦有未可厚非者。

今欲進而言諸君之義務矣。聞諸君中頗有以畢業後必盡教員之義務為苦者。然此等義務，實為校章所定。諸君入校之初，既承認此校章矣。若於校中既享有種種之權利，而竟放棄其義務，如負債不償然，於心安乎？畢業以後，固亦有因結婚之故，而家務、校務不能兼顧者。然胡

彬夏女士不云乎：「女子盡力社會之暇，能整理家事，斯為可貴。」是在善於調度而已。我國家庭之狀況，煩瑣已極，誠有使人應接不暇之苦。然使改良組織，日就簡單，亦未嘗不可分出時間，以服務於社會。又或約集同志，組織公育兒童之機關，使有終身從事教育之機會，亦無不可。在諸君勉之而已。

1920.04.01

1920.04.01

據
《新青年》
第 7 卷第 5 號

洪水與猛獸

　　二千二百年前，中國有個哲學家孟軻，他說國家的歷史，常是「一亂一治」的。他說第一次大亂，是四千二百年前的洪水；第二次大亂，是三千年前的猛獸；後來說到他那時候的大亂，是楊朱、墨翟的學說。他又把自己的拒楊墨，比較禹的抑洪水，周公的驅猛獸。所以崇奉他的人，就說楊墨之害，甚於洪水猛獸。後來一個學者，要是攻擊別種學說，總是襲用「甚於洪水猛獸」這句話。譬如唐宋儒家攻擊佛老，用他；清朝程朱派攻擊陸王派，也用他；現在舊派攻擊新派，也用他。

　　我以為用洪水來比新思潮，很有幾分相像。他的來勢很勇猛，把舊日的習慣衝破了，總有一部的人感受痛苦；仿佛水源太旺，舊有的河槽，不能容受他，就氾濫岸上，

把田廬都揚蕩了。對付洪水，要是如鯀的用湮 (1) 法，便愈湮愈決，不可收拾。所以禹改用導法，這些水歸了江河，不但無害，反有灌溉之利了。對付新思潮，也要捨湮法，用導法，讓他自由發展，定是有利無害的。孟氏謂「禹之治水，行其所無事」，這正是舊派對付新派的好方法。

至於猛獸，恰好作軍閥的寫照。孟氏引公明儀的話：「庖有肥肉，廄有肥馬，民有飢色，野有餓莩，此率獸而食人也。」現在軍閥的要人，都有幾千萬的家產，奢侈的了不得；別種好好作工的人，窮的餓死，這不是率獸食人的樣子麼？現在天津、北京的軍人，受了要人的指使，亂打愛國的青年，豈不明明是猛獸的派頭麼？

所以中國現在的狀況，可算洪水與猛獸競爭。要是有人能把猛獸馴伏了，來幫同疏導洪水，那中國就立刻太平了。

---

(1) 湮：粵 yān，埋沒，淤塞。

1930

1930
據
《教育大辭書》
商務務印書館出版

美 育

　　美育者，應用美學之理論於教育，以陶養感情為目的者也。人生不外乎意志，人與人互相關係，莫大乎行為，故教育之目的，在使人人有適當之行為，即以德育為中心是也。顧欲求行為之適當，必有兩方面之準備：一方面，計較利害，考察因果，以冷靜之頭腦判定之；凡保身衛國之德，屬此類，賴智育之助者也。又一方面，不顧禍福，不計生死，以熱烈之感情奔赴之。凡與人同樂、捨己為群之德，屬此類，賴美育之助者也。所以美育者，與智育相輔而行，以圖德育之完成者也。

　　吾國古代教育，用禮、樂、射、御、書、數之六藝。樂為純粹美育；書以記述，亦尚美觀；射、御在技術之熟練，而亦尚態度之嫻雅；禮之本義在守規則，而其作用又

在遠鄙俗。蓋自數以外，無不含有美育成分者。其後若漢魏之文苑、晉之清談、南北朝以後之書畫與雕刻、唐之詩、五代以後之詞、元以後之小說與劇本，以及歷代著名之建築與各種美術工藝品，殆無不於非正式教育中行其美育之作用。

其在西洋，如希臘雅典之教育，以音樂與體操並重，而兼重文藝。音樂、文藝，純粹美育。體操者，一方以健康為目的，一方實以使身體為美的形式之發展；希臘雕像，所以成空前絕後之美，即由於此。所以雅典之教育，雖謂不出乎美育之範圍，可也。羅馬人雖以從軍為政見長，而亦輸入希臘之美術與文學，助其普及。中古時代，基督教徒，雖務以清靜矯俗；而峨特式之建築，與其他音樂、雕塑、繪畫之利用，未始不迎合美感。自文藝復興以後，文藝、美術盛行。及十八世紀，經包姆加敦（Baumgarten）與康德（Kant）之研究，而美學成立。經席勒爾（Schiller）詳論美育之作用，而美育之標識，始彰明較著矣。（席勒爾所著，多詩歌及劇本；而其關於美學之著作，惟 Briefe über die Ästhetische Erziehung des

Menschen，吾國「美育」之術語，即由德文之 Ästhetische Erziehung 譯出者也。）自是以後，歐洲之美育，為有意識之發展，可以資吾人之借鑒者甚多。

爰參酌彼我情形而述美育之設備如下：美育之設備，可分為學校、家庭、社會三方面。

學校自幼稚園以至大學校，皆是。幼稚園之課程，若編紙、若黏土、若唱歌、若舞蹈、若一切所觀察之標本，有一定之形式與色澤者，全為美的對象。進而至小學校，課程中如遊戲、音樂、圖畫、手工等，固為直接的美育；而其他語言與自然、歷史之課程，亦多足以引起美感。進而及中學校，智育之課程益擴加；而美育之範圍，亦隨以俱廣。例如，數學中數與數常有巧合之關係。幾何學上各種形式，為圖案之基礎。物理、化學上能力之轉移，光色之變化；地質學的礦物學上結晶之勻淨，閃光之變幻；植物學上活色生香之花葉；動物學上逐漸進化之形體，極端改飾之毛羽，各別擅長之鳴聲；天文學上諸星之軌道與光度；地文學上雲霞之色彩與變動；地理學上各方之名勝；歷史學上各時代偉大與都雅之人物與事跡；以及其他

社會科學上各種大同小異之結構，與左右逢源之理論；無不於智育作用中，含有美育之元素；一經教師之提醒，則學者自感有無窮之興趣。其他若文學、音樂等之本屬於美育者，無待言矣。進而至大學，則美術、音樂、戲劇等皆有專校，而文學亦有專科。即非此類專科、專校之學生，亦常有公開之講演或演奏等，可以參加。而同學中亦多有關於此等美育之集會，其發展之度，自然較中學為高矣。且各級學校，於課程外，尚當有種種關於美育之設備。例如，學校所在之環境有山水可賞者，校之周圍，設清曠之園林。而校舍之建築，器具之形式，造像攝影之點綴，學生成績品之陳列，不但此等物品之本身，美的程度不同，而陳列之位置與組織之系統，亦大有關係也。

其次家庭：居室不求高大，以上有一二層樓，而下有地窟者為適宜。必不可少者，環室之園，一部分雜蒔花木，而一部分可容小規模之運動，如秋千、網球之類。其他若臥室之牀几、膳廳之桌椅與食具、工作室之書案與架櫃、會客室之陳列品，不問華貴或質素，總須與建築之流派及各物品之本式，相互關係上，無格格不相入之狀。其

最必要而為人人所能行者，清潔與整齊。其他若鄙陋之辭句，如惡謔與謾罵之類，粗暴與猥褻之舉動，無論老幼、男女、主僕，皆當屏絕。

其次社會：社會之改良，以市鄉為立足點。凡建設市鄉，以上水管、下水管為第一義；若居室無自由啟閉之水管，而道路上見有穢水之流演、糞桶與糞船之經過，則一切美觀之設備，皆為所破壞。次為街道之佈置，宜按全市或全鄉地面而規定大街若干、小街若干，街與街之交叉點，皆有廣場。場中設花塢，隨時移置時花；設噴泉，於空氣乾燥時放射之；如北方各省塵土飛揚之所，尤為必要。陳列美術品，如名人造像，或神話、故事之雕刻等。街之寬度，預為規定，分步行、車行各道，而旁悉植樹。兩旁建築，私人有力自營者，必送其圖於行政處，審為無礙於觀瞻而後認可之；其無力自營而需要住所者，由行政處建築公共之寄宿舍。或為一家者，或為一人者，以至廉之價賃出之。於小學校及幼稚園外，尚有寄兒所，以備孤兒或父母同時作工之子女可以寄託，不使搶攘於街頭。對於商店之陳列貨物，懸掛招牌，張貼告白，皆有限制，不

使破壞大體之美觀，或引起惡劣之心境。載客運貨之車，能全用機力，最善。必不得已而利用畜力，或人力，則牛馬必用強壯者，裝載之量與運行之時，必與其力相稱。人力間用以運輕便之物，或負擔，或曳車、推車。若為人舁 (1) 轎挽車，惟對於病人或婦女，為徜徉遊覽之助者，或可許之。無論何人，對於老牛、羸馬之竭力以曳重載，或人力車夫之袒背浴汗而疾奔，不能不起一種不快之感也。設習藝所，以收錄貧苦與殘疾之人，使得於能力所及之範圍，稍有所貢獻，以償其所享受，而不許有沿途乞食者。設公墓，可分為土葬、火葬兩種，由死者遺命或其子孫之意而選定之。墓地上分區、植樹、蒔花、立碑之屬，皆有規則。不許於公墓以外，買地造墳。分設公園若干於距離適當之所，有池沼亭樹、花木魚鳥，以供人工作以後之休憩。設植物園，以觀賞四時植物之代謝。設動物園，以觀賞各地動物特殊之形狀與生活。設自然歷史標本陳列所，以觀賞自然界種種悅目之物品。設美術院，以久經鑒定之美術品，如繪畫、造像及各種美術工藝，刺繡、雕鏤之品，陳列於其中，而有一定之開放時間，以便人觀覽。設

---

(1) 舁：⊜yú，扛抬。

歷史博物院，以使人知一民族之美術，隨時代而不同。設民族學博物院，以使人知同時代中，各民族之美術，各有其特色。設美術展覽會，或以新出之美術品，供人批評；或以私人之所收藏，暫供眾覽；或由他處陳列所中，抽借一部，使觀賞者常有新印象，不為美術院所限也。設音樂院，定期演奏高尚之音樂，並於公園中為臨時之演奏。設出版物檢查所，凡流行之詩歌、小說、劇本、畫譜，以至市肆之掛屏、新年之花紙，尤其兒童所讀閱之童話與畫本等，凡粗獷、猥褻者禁止之，而擇其高尚優美者助為推行。設公立劇院及影戲院，專演文學家所著名劇及有關學術，能引起高等情感之影片，以廉價之入場券引人入覽。其他私人營業之劇院及影戲院，所演之劇與所照之片，必經公立檢查所之鑒定，凡卑猥陋劣之作，與真正之美感相衝突者，禁之。婚喪儀式，凡陳陳相因之儀仗、繁瑣無理之手續，皆廢之；定一種簡單而可以表示哀樂之公式。每年遇國慶日，或本市本鄉之紀念日，則於正式祝典以外，並可有市民極端歡娛之表示；然亦有一種不能越過之制限；蓋文明人無論何時，總不容有無意識之舉動也。以上

所舉，似專為新立之市鄉而言，其實不然。舊有之市鄉，含有多數不合美育之分子者，可於舊市鄉左近之空地，逐漸建設，以與之交換，或即於舊址上局部改革。

要之，美育之道，不達到市鄉悉為美化，則雖學校、家庭盡力推行，而其所受環境之惡影響，終為阻力，故不可不以美化市鄉為最重要之工作也。

1931 前後

據
蔡元培手稿

美育與人生

　　人的一生，不外乎意志的活動，而意志是盲目的，其所恃以為較近之觀照者，是知識，所以供遠照、旁照之用者，是感情。

　　意志之表現為行為。行為之中，以一己的衞生而免死、趨利而避害者為最普通；此種行為，僅僅普通的知識，就可以指導了。進一步的，以眾人的生及眾人的利為目的，而一己的生與利即託於其中。此種行為，一方面由於知識上的計較，知道眾人皆死而一己不能獨生，眾人皆害而一己不能獨利。又一方面，則亦受感情的推動，不忍獨生以坐視眾人的死，不忍專利以坐視眾人的害。更進一步，於必要時，願捨一己的生以救眾人的死，願捨一己的利以去眾人的害，把人我的分別，一己生死利害的關係，統統忘掉了。這種偉

大而高尚的行為，是完全發動於感情的。

　　人人都有感情，而並非都有偉大而高尚的行為，這由於感情推動力的薄弱。要轉弱而為強，轉薄而為厚，有待於陶養。陶養的工具，為美的對象；陶養的作用，叫作美育。

　　美的對象，何以能陶養感情？因為他有兩種特性：一是普遍；二是超脫。

　　一瓢之水，一人飲了，他人就沒得分潤；容足之地，一人佔了，他人就沒得並立。這種物質上不相入的成例，是助長人我的區別、自私自利的計較的。轉而觀美的對象，就大不相同。凡味覺、嗅覺、膚覺之含有質的關係者，均不以美論；而美感的發動，乃以攝影及音波輾轉傳達之視覺聽覺為限，所以純然有「天下為公」之概。名山大川，人人得而遊覽；夕陽明月，人人得而賞玩；公園的造像、美術館的圖畫，人人得而暢觀。齊宣王稱「獨樂樂不若與人樂樂」「與少樂樂不若與眾樂樂」；陶淵明稱「奇文共欣賞」，這都是美的普遍性的證明。

　　植物的花，不過為果實的準備；而梅、杏、桃、李之

屬，詩人所詠歎的，以花為多。專供賞玩之花，且有因人擇的作用，而不能結果的。動物的毛羽，所以禦寒，人固有製裘、織呢的習慣，然白鷺之羽、孔雀之尾，乃專以供裝飾。宮室，可以避風雨就好了，何以要雕刻與彩畫？器具，可以應用就好了，何以要圖案？語言，可以達意就好了，何以要特製音調的詩歌？可以證明美的作用，是超越乎利用的範圍的。

既有普遍性以打破人我的成見，又有超脫性以透出利害的關係。所以當着重要關頭，有「富貴不能淫，貧賤不能移，威武不能屈」的氣概，甚且有「殺身以成仁」而不「求生以害仁」的勇敢。這種是完全不由於知識的計較，而由於感情的陶養，就是不源於智育，而源於美育。

所以吾人固不可不有一種普通職業，以應利用厚生的需要；而於工作的餘暇，又不可不讀文學、聽音樂、參觀美術館，以謀知識與感情的調和，這樣，才算是認識人生的價值了。

生平篇

213

1919.08

1920
據
《蔡子民先生言行錄》
新潮社編

傳略（上）(1)

其家世及其幼年時代

蔡氏以明季自諸暨遷山陰，其初以藝山售薪為業，至子民之高祖以下，始為商。子民之祖名嘉謨，字佳木，為某典經理，以公正著。其父名光普，字耀山，為錢莊經理，以長厚稱，家中人至以「愛無差等」笑之。子民之母周氏，賢而能。以民國紀元前四十四年（一八六八）一月十一日（即清同治六年十二月十七）生子民。方子民喪父時，僅十一歲。有一兄，十三歲。又有一弟，九歲。其父素寬於處友，有貸必應，欠者不忍索，故歿後幾無積蓄。世交中有欲集款以贍其孤者，周氏不肯承認。質衣飾，克勤克儉，撫諸兒成立，每以「自立」「不依賴」勉之。常

---

(1) 此篇是蔡元培應北大新潮社的要求，為編印《蔡子民先生言行錄》撰寫的。原定自己口述，由內弟黃世輝筆錄。但由於「五四運動」後，蔡元培離京南下，於是自己動筆撰寫，完稿後寄給黃世輝，囑他核實若干史料，轉交新潮社。《蔡子民先生言行錄》付印時，此篇標題為《蔡子民》，題下署「都昌黃世輝記」。

自言「每有事與人談話，先預想彼將作何語，我宜以何語應之。既畢，又追省彼作何語，我曾作何語，有誤否。以是鮮僨 (2) 事。」故子民之寬厚，為其父之遺傳性。其不苟取，不妄言，則得諸母教焉。

子民有叔父，名銘恩，字茗珊，以稟膳生鄉試中式。工制藝，門下頗盛。亦治詩古文辭。藏書亦不少。子民十餘歲，即翻閱《史記》《漢書》《困學紀聞》《文史通義》《說文通訓定聲》諸書，皆得其叔父之指導焉。子民自十三歲以後，受業於同縣王子莊君。王君名懋鹽，亦以工制藝名，而好談明季掌故，尤服膺劉蕺山先生，自號其齋曰仰蕺山房。故子民二十歲以前，最崇拜宋儒。母病，躬侍湯藥，曾刲臂和藥以進。（子民有叔父曰純山，曾因母病而刲臂，家中傳說其母得延壽十二年，故子民仿為之。其後三年，母病危，子民之弟元堅又刲臂以進，卒無效。）居母喪，必欲行寢苫枕塊 (3) 之制，為家人所阻，於夜深人靜後，忽挾枕席赴棺側，其兄弟聞之，知不可阻，乃設床於停棺之堂，而兄弟共宿焉。母喪既除而未葬，其兄為之訂婚，子民聞之痛哭，要求取消，自以為大不孝。其拘迂之舉動，類此者甚多。

---

(2) 僨：敗壞。

(3) 寢苫枕塊：苫，草薦。睡在草薦上，頭枕着土塊。古時宗法所規定的居父母喪的禮節。

舊學時代

子民以十七歲補諸生，自此不治舉子業，專治小學、經學，為駢體文。偶於書院中為四書文，則輒以古書中通假之字易常字，以古書中奇特之句法易常調，常人幾不能讀，院長錢振常、王繼香諸君轉以是賞之。其於鄉、會試，所作亦然。蓋其好奇而淡於祿利如此。然己丑、庚寅鄉會試聯捷，而壬辰得翰林庶吉士，甲午補編修，在子民亦自以為出於意外云。

子民二十歲，讀書於同鄉徐氏，兼為校所刻書。徐氏富藏書，因得博覽，學大進。

子民之治經，偏於故訓及大義。其治史，則偏於儒林文苑諸傳、藝文志及其他關係文化風俗之記載，不能為戰史、政治史及地理、官制之考據。蓋其尚推想而拙於記憶，性近於學術而不宜於政治。於舊學時代，已見其端矣。

子民二十四歲，被聘為上虞縣志局總纂。因所定條例為分纂所反對，即辭職。一生難進易退，大抵如此。

委身教育時代

自甲午以後，朝士競言西學，子民始涉獵譯本書。戊戌，與友人合設一東文學社，學讀和文書。是時，康、梁新用事，拜康門者踵相接。子民與梁卓如君 (4) 有己丑同年關係，而於戊戌六君子中，尤佩服譚復生君。然是時梁、譚皆在炙手可熱之時，恥相依附，不往納交。直至民國七年，為對德宣戰問題，在外交後援會演說，始與梁卓如君相識。其孤僻如此。然八月間，康黨失敗，而子民即於九月間請假出京，其鄉人因以康黨疑之，彼亦不與辯也。

子民是時持論，謂康黨所以失敗，由於不先培養革新之人才，而欲以少數人弋取政權，排斥頑舊，不能不情見勢絀。此後北京政府，無可希望。故拋棄京職，而願委身於教育云。

是時紹興紳士徐君方經營一中學校，名曰紹興中西學堂。徐君自為堂董，而薦子民為監督。校中有英、法兩外國語，然無關於思想。子民與教員馬用錫君、杜亞泉君均提倡新思想。馬君教授文辭，提倡民權、女權。杜君教授

---

(4) 梁卓如君：即梁啟超。

理科，提倡物競爭存之進化論。均不免與舊思想衝突。教員中稍舊者，日與辯論，子民常右 (5) 新派。舊者恨之，訴諸堂董。堂董以是年正人心之上諭送學堂，屬子民恭書而懸諸禮堂。子民憤而辭職。

子民為中西學堂監督時，喪其妻王氏。未期，媒者紛集。子民提出條件，曰：（一）女子須不纏足者；（二）須識字者；（三）男子不取妾；（四）男死後，女可再嫁；（五）夫婦如不相合，可離婚。媒者無一合格，且以後兩條為可駁。後一年，始訪得江西黃爾軒先生之女，曰世振，字仲玉，天足，工書畫，且孝於親（曾因父病割臂）。乃請江西葉祖薌君媒介，始訂婚焉。是時，子民雖治新學，然崇拜孔子之舊習，守之甚篤。與黃女士行婚禮時，不循浙俗掛三星畫軸，而以一紅幛子綴「孔子」兩大字。又於午後開演說會，云以代鬧房。

其時，子民好以公羊春秋三世義說進化論。又嘗為三綱五倫辯護。曰：「綱者，目之對，三綱，為治事言之也。國有君主，則君為綱，臣為目；家有戶主，則夫父為綱，而婦子為目。此為統一事權起見，與彼此互相待遇之道無

---

(5) 右：親近、祖護。

關也。互相待遇之道，則有五倫。故君仁臣忠，非謂臣當忠而君可以不仁也；父慈子孝，非謂子當孝而父可以不慈也；夫義婦順，非謂婦當順而夫可以不義也。晏子曰：『君為社稷死則死之。』孔子曰：『小杖則受，大杖則走。』若如俗所謂『君要臣死，臣不得不死；父要子死，子不得不死』者，不特不合於五倫，亦不合於三綱也。」其時子民之見解蓋如此。

庚子、辛丑之間，子民與童亦韓君至臨安縣，為紹興僑農設一小學校。又在浙江省城議改某書院為師範學校，未成。

辛丑，膺澄衷學堂總理劉君之請，代理一月。

是年，南洋公學開特班，招生二十餘人，皆能為古文辭者，擬授以經世之學，而拔其尤，保送經濟特科。以江西趙從蕃君為管理，而子民為教授。由學生自由讀書，寫日記，送教授批改。每月課文一次，由教授評改。子民又教諸生以讀和文之法，使自譯和文書，亦為之改定云。是時，子民於日記及課文評語中，多提倡民權之說。學生中最為子民所賞識者：邵聞泰、洪允祥、王莪孫、胡仁源、

殷祖伊諸君，其次則謝沈（無量）、李同（叔同）、黃炎培、項驤、貝壽同諸君。

是年之冬，蔣觀雲君與烏目山僧發起女學校，子民與陳夢坡君、林少泉君贊成之。羅迦陵女士任每月經費之一部。建設後，名曰愛國女學校，由蔣君管理。及蔣君赴日本，由子民管理之。

是時留寓上海之教育家葉浩吾君、蔣觀雲君、鍾憲鬯君等發起一會，名曰中國教育會，舉子民為會長。

南洋公學自開辦以來，有一部分之教員及管理員不為學生所喜。吳稚輝君任公學教員時，為組織衞學會，已起衝突。學生被開除者十餘人。吳君亦以是辭職，赴日本。而不孚人望之教員，則留校如故。是年，有中院第五班生，以誤置墨水瓶於講桌上，為教員所責。同學不平，要求總理去教員，總理不允，欲懲戒學生。於是激而為全體退學之舉。特班生亦犧牲其保舉經濟特科之資格，而相率退學，論者謂為子民平日提倡民權之影響。子民亦以是引咎而辭職。

南洋公學學生既退學，謀自立學校，乃由子民為介紹

於中國教育會，募款設校，沿女學校之名，日愛國學社。以子民為代表，請吳稚輝君、章太炎君等為教員。與《蘇報》訂約，每日由學社教員任論說一篇（子民及吳、章諸君，凡七人，迭任之，一週而遍）。而《蘇報》館則每月助學社銀一百圓以為酬。於是《蘇報》館遂為愛國學社之機關報矣。吳君又發起張園演說會，昌言革命。會南京陸師學堂退學生十餘人，亦來學社，章行嚴君其一也。於是請彼等教授兵式體操。子民亦剪髮，服操衣，與諸生同練步伐。無何，留日學生為東三省俄兵不撤事，發起軍國民教育會，於是愛國學社亦組織義勇隊以應之。是時，愛國學社幾為國內惟一之革命機關矣。

方愛國學社之初設也，經費極支絀。其後名譽大起，捐款者漸多，而其中高材生，別招小學生徒，授以英、算，所收學費，亦足充社費之一部。於是學社勉可支持，而其款皆由中國教育會經理，社員有以是為不便者，為學社獨立之計劃，佈其意見於學社之月刊。是時會中已改舉烏目山僧為會長，而子民為副會長與評議長。於是開評議會議之。子民主張聽學社獨立，謂鑒於梁卓如與汪穰卿爭

《時務報》，卒之兩方而均無結果，而徒授反對黨以口實。烏目山僧贊成之，揭一文於《蘇報》，賀愛國學社獨立，而社員亦佈《敬謝中國教育會》一文以答之。此問題已解決矣。而章太炎君不以為然，以前次評議會為少數者之意見，則以函電招離滬之評議員來，重行提議，多數反對學社獨立。子民以是辭副會長及評議長，而會員即舉章君以代之。於是子民不與聞愛國學社事矣。

方子民盡力於愛國學社時，其兄鑒清亦在上海，甚危之。與戚友商議，務使子民離上海。然子民對於學社，方興高采烈，計無所出。及其決計脫離學社，於是由沈乙齋君從容勸其遊學。子民言遊學非西洋不可，且非德國不可，然費安從出。沈謂：「吾當為君籌之。」其後告以湯、張、劉、徐等，均每月貸款若干，可以成行。於是探行程於陳敬如君，則謂：「是時啓行，將以夏季抵紅海，熱不可耐，盍以秋季行，且盍不先赴青島習德語？」於是有青島之行。

當子民任南洋公學教員時，曾於暑假中遊歷日本。到東京未久，適吳稚輝君以陸軍學生事，與駐日公使蔡鈞衝突，由日警強迫上船。是時，陸仲芬君等將伴送至長崎。

相與議曰：「萬一所乘船直赴天津，則甚危，誰可偕去？」子民以在日本無甚要事，且津、京均舊遊地，則曰：「我偕去。」於是偕吳君歸國。或疑子民曾在日本留學者，誤也。

張園之演說會，本合革命與排滿為一談。而是時鄒蔚丹君作《革命軍》一書，尤持「殺盡胡人」之見解。子民不甚贊同，曾於《蘇報》中揭《釋仇滿》一文，謂「滿人之血統，久已與漢族混合。其語言及文字，亦已為漢語漢文所淘汰。所可為滿人標識者，惟其世襲爵位，及不營實業而坐食之特權耳。苟滿人自覺，能放棄其特權，則漢人決無殺盡滿人之必要」云云（其文惟從前坊間所印之《黃帝魂》曾選之）。當時注意者甚鮮。及辛亥革命，則成為輿論矣。

子民到青島不及一月，而上海《蘇報》案起，不涉子民。案既定，子民之戚友，以為遊學之說，不過誘子民離上海耳。今上海已無事，無遊學之必要，遂取消每月貸款之議。而由子民之兄，以上海有要事之電，促子民回。既回，遂不能再赴青島，而為外交、報館譯日文以自給。

子民在青島，不及三月，由日文譯德國科培氏《哲學

要領》一册，售稿於商務印書館。其時無參考書，又心緒不甚寧，所譯人名多詰屈。而一時筆誤，竟以空間為宙，時間為宇。常欲於再版時修正之。

運動革命時代

子民既自青島回，中國教育會新得一會員，為甘肅陳競全君。自山東某縣知縣卸任來滬，小有積蓄，必欲辦一日報。乃由子民與王小徐君、汪允宗君等組織之。陳君任印刷費及房費，而辦報者皆盡義務，推王君為編輯。以是時俄事方亟，故名曰《俄事警聞》。不直接談革命，而常譯述俄國虛無黨歷史以間接鼓吹之。每日有論說兩篇，一文言，一白話，其題均曰告某某，如告學生、告軍人之類。此報於日俄戰爭後，改名《警鐘》。其編輯，由王君而嬗於子民，又嬗於汪允宗、林少泉、劉申叔諸君。自王君去後，均不免直接談革命，歷數年之久，卒被封禁云。

是時西洋社會主義家，廢財產、廢婚姻之說，已流入中國。子民亦深信之。曾於《警鐘》中揭《新年夢》小說以見意。惟其意，以為此等主義，非世界大多數人承認

後，決難實行，故傳播此等主義者，萬不可自失信用。爾時中國人持此主義者，已既不名一錢，亦不肯作工，而惟攫他人之財以供其揮霍，曰：「此本公物也。」或常作狹邪遊，且誘惑良家女子，而有時且與人妒爭，自相矛盾。以是益為人所姍笑。子民嘗慨然曰：「必有一介不苟取之義，而後可以言共產；必有坐懷不亂之操，而後可以言廢婚姻。」對於此輩而發也。

自東京同盟會成立後，楊篤生君、何海樵君、蘇鳳初君等，立志從暗殺下手。乃集同志六人，學製造炸彈法於某日人，立互相鑒察之例，甚嚴。何君到上海訪子民，密談數次。先介紹入同盟會，次介紹入暗殺團。並告以蘇君將來上海轉授所學於其他同志。其後蘇君偕同志數人至，投子民。子民為賃屋，並介紹鍾憲鬯君入會，以鍾君精化學，且可於科學儀器館購儀器、藥品也。開會時，設黃帝位，寫誓言若干紙，如人數，各簽名每紙上，宰一雞，灑血於紙，跪而宣誓，並和雞血於酒而飲之。其誓言，則每人各藏一紙。乃教授製炸藥法，若干日而畢。然能造藥矣，而苦無彈殼。未幾，黃克強、蒯若木、段口書 (6) 諸

(6)《蔡元培全集》釋為「段雲書」。——編者注

君，先後自東京來，攜彈殼十餘枚。是時王小徐君、孫少侯君已介紹入會，乃由孫君攜彈藥至南京隱僻處，試之，不適用。其後楊篤生君來，於此事尤極熱心，乃又別賃屋作機關，日與王、鍾諸君研究彈殼之改良。其時費用，多由孫君擔任，而經營機關，則子民與其弟元康任之。元康既由子民介紹入會，則更介紹其同鄉王子余、俞英厓、王叔枚、裘吉生及徐伯蓀諸君。徐君是時已聯絡嵊、天台諸會黨，而金、衢、嚴、處諸府會黨，則為陶煥卿君所運動。子民既介紹陶君入會，則乘徐、陶二君同到上海之機會，由子民與元康介紹陶君於徐君，而浙江會黨始聯合焉。製彈久不成，楊君奮然北行。抵保定，識吳樾君及其他同志三人，介紹入會。並為吳君介紹於子民，言吳君將送其妹來上海，進愛國女學校。吳君後來函，言有事不能即來。未久而中國第一炸彈，發於考察憲政五大臣車上。子民等既知發者為吳君，則彈必出楊君手，恐其不能出京。孫少侯君乃借捐官事北上，訪楊君於譯學館。知已被嫌疑，有監察者。其後楊君卒以計，得充李木齋君隨員而南下。

子民既卻《警鐘》編輯之任，則又為愛國女學校校長。其時並不取賢母良妻主義，乃欲造成虛無黨一派之女子，除年幼者照通例授普通知識外，年長一班，則為講法國革命史、俄國虛無黨主義等，且尤注重化學。然此等教授法，其成效亦未易速就。其後，遂由中國教育會中他會員主持，漸改為普通中學校矣。

遊學時代

子民在上海所圖皆不成，意頗倦。適紹興新設學務公所，延為總理。丙午春，遂回里任事。未久，以所延幹事受人反對，後又以籌款設師範班，受人反對，遂辭職。

是時清政府議派編檢出洋留學，子民遂進京銷假，請留學歐洲。無何，願赴歐美者人數太少，而政府又拙於經費，悉改派赴日本。子民不願。而譯學館自楊篤生君出京後，尚未得適當之國文教員，章一山君延子民任之，兼授西洋史。教授數月，頗受學生歡迎。

丁未，孫慕韓君任駐德公使，允每月助子民以學費三十兩。又商務印書館亦訂定，每月送編譯費百元。子民

於是偕孫君赴柏林。

在柏林一年，習德語外，並編書。又由孫君介紹，以國文授唐氏子弟四人。（每月得修德幣百馬克。）第二年，遷居來比錫，進大學聽講，凡三年。於哲學、文學、文明史、人類學之講義，凡時間不衝突者，皆聽之。尤注重於實驗心理學及美學，曾進實驗心理學研究所，於教員指導之下，試驗各官能感覺之遲速、視後遺象、發音顫動狀比較表等。進世界文明史研究所，研究比較文明史。又於課餘，別延講師，到寓所，講授德國文學。此四年中，編《中學修身教科書》五冊，《中國倫理學史》一冊，譯包爾生《倫理學原理》一冊。

《中國倫理學史》謂：「《孟子》之楊朱即莊周，為我即全己之義，《莊子》中說此義者甚多；至《列子·楊朱篇》乃魏晉間頹廢心理之產物，必非周季人所作。」又清儒中特揭黃梨洲、戴東原、俞理初三氏學說，以為合於民權、女權之新說。黃、戴二氏，前人已所注意，俞氏說則子民始拈出之。

子民在來比錫時，聞其友李石曾言肉食之害。又讀俄

國托爾斯泰氏著作，描寫田獵慘狀，遂不食肉。嘗函告其友壽孝天君，謂：「蔬食有三義：（一）衞生，（二）戒殺，（三）節用，然我之蔬食，實偏重戒殺一義。因人之好生惡死，是否迷惑，現尚未能斷定。故衞生家最忌煙酒，而我尚未斷之。至節用，則在外國飯莊，肉食者有長票可購，改為蔬食而特餒，未見便宜。（是時尚未覓得蔬食飯館，故云爾。）故可謂專是戒殺主義也。」壽君復函，述杜亞泉君說：「植物未嘗無生命，戒殺義不能成立。」子民復致函，謂：「戒殺者，非論理學問題，而感情問題。感情及於動物，故不食動物。他日，若感情又及於植物，則自然不食植物矣。且蔬食者亦非絕對不殺動物，一葉之蔬、一勺之水，安知不附有多數動物，既非人目所能見，而為感情所未及，則姑聽之而已。不能以論理學繩之也。」

教育總長時代

辛亥武昌起義，子民受柏林同學之招，赴柏林助為鼓吹。未幾，回國，於同盟、光復兩會間，頗盡調停之力。南京政府成立，任教育總長。是時，陸費伯鴻君方主任商

務印書館之《教育雜誌》，曾語子民，謂：「近時教育界，或提倡軍國民主義，或提倡實利主義，此兩者實不可偏廢。」然子民意以為未足，故宣佈《蔡子民對於教育方針之意見》，謂：「教育界所提倡之軍國民主義及實利主義，固為救時之必要，而不可不以公民道德教育為中堅。欲養成公民道德，不可不使有一種哲學上之世界觀與人生觀，而涵養此等觀念，不可不注重美育。」美育者，子民在德國受有極深之印象，而願出全力以提倡之者也。

子民所謂公民道德，以法國革命時代所揭著之自由、平等、友愛為綱，而以古義證明之，謂：「自由者，富貴不能淫，貧賤不能移，威武不能屈，是也，古者蓋謂之義。平等者，己所不欲，勿施於人是也，古者蓋謂之恕。友愛者，己欲立而立人，己欲達而達人是也。古者蓋謂之仁。」

孫中山既辭總統職，欲派員迎袁項城來南京就職，其資格須同盟會會員而又現任閣員者，以子民為合格，故派之。此行人人知必不能達目的，然南京政府必須有此一舉，遂往迎。及北京兵變，知袁氏決無南來之望，乃承認其在北京就總統職。子民有宣言，見當時北京各報。

　　唐少川君在北京擬南北混合內閣名單，仍以教育總長屬子民，而子民力持不可，薦范靜生君自代，已定矣。范君時適在南京，聞訊，即行，並言決不承認。而外間不知因由者，且謂中山怪子民不能迎袁來南，故褫其職。於是唐君仍商於子民，子民不能不承認矣。混合內閣中，總理已入同盟會，其他閣員，則自司法、教育、農林、工商四部外，皆非同盟會員也。同盟會員主用內閣制，以為事事皆當取決於國務院；而非同盟會員，主用總統制，以為事事須承旨於總統。於是最當沖之財政、軍政大問題，皆直接由總統府處理，並不報告於國務會議。子民憤然，謂不能任此伴食之閣員，乃邀王亮疇、宋遯初、王儒堂三君密議，謂宜辭職，盡由彼等組織一純粹非同盟會之內閣，均贊成，乃以四人之公意告唐少川君，唐亦贊成。其後，唐君辭職，子民等雖備受挽留，決不反顧。人或疑其何以固執若此，不知彼等已早有成約，且子民為倡議人，決無唐去而獨留之理也。子民有宣言一篇，當時各報均載之。

　　子民在教育總長任，於普遍教育司、專門教育司外，特設社會教育司，以為必有極廣之社會教育，而後無人無

時不可以受教育，乃可謂教育普及。又改大學之八科為七科，以經科併入文科，謂《易》《論語》《孟子》等已入哲學門，《詩》《爾雅》已入文學門，《尚書》《三禮》《大戴記》《春秋三傳》已入史學門，無庸別為一科。又以大學為研究學理之機關，宜特別注重文、理兩科，設法、商等科而不設文科者，不得為大學；設醫、工、農等科而不設理科者，亦不得為大學云。

第二遊學時代

民國元年夏，子民既辭職，秋，遂偕眷屬再赴德國，仍至來比錫，仍在大學聽講，並在世界文明史研究所研究。二年夏，得上海電，以宋案促歸國，遂歸。奔走調停，亦無效果，卒有贛寧之戰 (7)。是年秋，子民復偕眷屬赴法國，住巴黎近郊一年。歐戰開始，遂遷居法國西南境，於習法語外，編書，且助李石曾、汪精衛諸君辦理留法儉學會，組織華法教育會，不能如留德時之專一矣。

在法，與李、汪諸君初擬出《民德報》，後又擬出《學風雜誌》，均不果。其時編《哲學大綱》一冊。多採取德

---

(7) 贛寧之戰：即二次革命，是以孫中山為首的革命派所發動的反對袁世凱的武裝鬥爭。

國哲學家之言，惟於宗教思想一節，謂：「真正之宗教，不過信仰心。所信仰之對象，隨哲學之進化而改變，亦即因各人哲學觀念之程度而不同。是謂信仰自由。凡現在有儀式有信條之宗教，將來必被淘汰。」是子民自創之說也。

子民深信徐時棟君所謂《石頭記》中十二金釵，皆明珠食客之說，隨時考檢，頗有所得。是時應《小說月報》之要求，整理舊稿，為《〈石頭記〉索隱》一冊，附月報分期印之，後又印為單行本。然此後尚有繼續考出者，於再版、三版時，均未及增入也。

其時又欲編《歐洲美學叢述》，已成《康德美學述》一卷，未印。編《歐洲美術小史》，成《賴斐爾》一卷，已在《東方雜誌》印行。

為華工學校編修身講義數十首，《旅歐雜誌》中次第印行。

大學校長時代

五年秋，子民在法，得教育部電，促返國，任北京大學校長。遂於冬間回國。六年一月，始任事於北京大學。

其時北京大學學生，頗為社會所菲薄。子民推求其故，以為由學生之入大學，仍抱科舉時代思想，以大學為取得官吏資格之機關。故對於教員之專任者，不甚歡迎。其稍稍認真者，且反對之。獨於行政、司法界官吏之兼任者，雖時時請假，年年發舊講義，而學生特別歡迎之，以為有此師生關係，可為畢業後奧援也。故於講堂上領受講義，及當學期、學年考試時，要求題目範圍特別預備外，對於學理，毫無興會。而講堂以外，又無高尚之娛樂與學生自動之組織。故學生不得不於學校以外，競為不正當之消遣。此人格所由墮落也。乃於第一日對學生演說時，即揭破「大學學生，當以研究學術為天責，不當以大學為升官發財之階梯」云云。於是推廣進德會，以挽奔競及遊蕩之習。並延積學之教授，提倡研究學問之興會。助成體育會、音樂會、畫法研究會、書法研究會等，以供正當之消遣。助成消費公社、學生銀行、校役夜班、平民講演團等，及《新潮》等雜誌，以發揚學生自動之精神，而引起其服務社會之習慣。從前大學預科，自為組織，不求與本科第一年相銜接。於是第一步，解散獨立組織，使分隸各科。第二

步，改為預科二年，本科四年，合六年課程，通盤計劃，不使複重。

理科之門類既未全，設備亦甚單簡，教室、實驗室又無可擴張。而工科所設之門，與北洋大學全同。同為國立大學，京、津相去又近，無取重設。於是商之教育部及北洋大學，以工科歸併北洋，而以北洋之法科歸併北京。得以所省工科之地位及經費，供擴張理科之用。

舊有商科，毫無設備，而講授普通商業學。於是第一步，併入法科，為商業學門。第二步，則並商業門亦截止，而議由教育部別設完備之商科大學。

孑民之意，以為大學實止須文理科，以其專研學理也。而其他醫、工、農、法諸科，皆為應用起見，皆偏於術，可仿德國理、工、農、商高等學校之制，而謂之高等學校。其年限及畢業生資格，皆可與大學齊等。惟社會上，已有大學醫科、大學工科之習慣，改之則必啓爭端。故提議文理科為本科大學。以醫、工、農、法、商為分科大學。所謂分科者，以其可獨立而為醫科大學、工科大學等，非如文理科必須並設也。（比較元年之見解，又進一

層。）又現行之專門學校四年制，於適當時期截止。因日本並設各科大學與專門兩種，流弊已見，我國不必蹈其覆轍也。在校務討論會通過，教育部則承認此制，而不用本科、分科之名。

子民又發見文理分科之流弊，即文科之史學、文學，均與科學有關，而哲學則全以自然科學為基礎，乃文科學生，因與理科隔絕之故，直視自然科學為無用，遂不免流於空疏。理科各學，均與哲學有關，自然哲學，尤為自然科學之歸宿，乃理科學生，以與文科隔絕之故，遂視哲學為無用，而陷於機械的世界觀。又有幾種哲學，竟不能以文理分者，如地理學，包有地質、社會等學理。人類學，包有生物、心理、社會等學理。心理學，素隸於哲學，而應用物理、生理的儀器及方法。進化學，為現代哲學之中樞，而以地質學、生物學為根柢。彼此交錯之處甚多。故提議溝通文理，合為一科。經專門以上學校會議，及教育調查會之贊成，由北京大學試辦。

又發現年級制之流弊，使銳進者無可見長。而留級者每因數種課程之不及格，須全部複習，興味毫無，遂有

在教室中渴睡、偷閱他書及時時曠課之弊。而其弊又傳染於同學。適教員中有自美國回者，力言美國學校單位制之善。遂提議改年級制為單位制，亦經專門以上學校會議通過，由北京大學試辦。

以上皆子民長北京大學博採眾議勵行革新之犖犖大端也。

國史館停辦後，仿各國例，附入北京大學史學門。子民所規劃者，分設徵集、纂輯兩股。纂輯股又分通史、民國史兩類。通史先從長編及辭典入手。長編又分政治史及文明史兩部。政治史，先編記事本末及書志，以時代為次，分期任編，凡各書有異同者，悉依原文採錄之，如馬驌繹史之例。俟長編竣事，乃付專門史學家，以一手修之為通史，而長編則亦將印行以備考也。文明史長編，分科學、哲學、文學、美術、宗教等部，分部任編，亦將俟編竣，而由文明史家一手編定之。辭典，分地名、人名、官名、器物、方言等，先正史，次雜史，以次及於各書，分書輯錄，一見、再見，見第幾卷第幾葉，皆記之。每一書輯錄竟，則先整理之為本書檢目。俟各書輯錄俱竣，乃編

為辭典云。兩年以來，所徵集之材料及纂輯之稿，已粲然可觀矣。

子民以大學為囊括大典、包羅眾家之學府，無論何種學派，苟其持之有故、言之成理者，兼容並包，聽其自由發展，曾於《北京大學月刊》之發刊詞中詳言之。然中國素無思想自由之習慣，每好以己派壓制他派，執持成見，加釀嘲辭，遂有林琴南君詰問之函，子民據理答之。其往復之函，具見各報，國人自有公評也。

言行雜錄

（已分見各節，補記數條於下）

子民最不贊成中國合食之法，而亦不贊成西洋菜。以為烹飪之法，中國最為進步，惟改合食為分食可矣。於管理愛國女學校時，於辦紹興學務公所時，於長教育部時，皆提倡之。於北京大學，特備西洋食具，宴外賓時，均用中國酒菜。

子民最不喜坐轎，以為以人舁人，既不人道，且以兩人或三四人代一人之步，亦太不經濟也。人力車較為經濟

矣，然目視其傴僂喘汗之狀，實大不忍。故有船則乘船，有公車則乘公車。彼以為腳踏車及摩托車，最文明。必不得已而思其次，則馬車。以兩人一馬代步，而可容三四人，較轎為經濟。能不竭馬力，亦尚留愛物地步。其不得已而乘人力車，則先問需錢若干，到則付之，從不與之計較也。

子民於應用文，極端贊成用國語。對於美術文，則以為新舊體均有美學上價值。新文學，如西洋之建築、雕刻、圖畫，隨科學、哲學而進化；舊文學，注重於音調之配置，字句之排比，則如音樂，如舞蹈，如圖案，如中國之繪畫，亦不得謂之非美術也。

子民對於歐戰之觀察，謂國民實力，不外科學、美術之結果。又謂此戰為強權論與互助論之競爭。同盟方面，代表強權論。協約方面，代表互助論。最後之勝利，必歸互助論。曾於浙江教育會、北京政學會演說之，時為五年之冬，兩方勝負未決也。

子民對於宗教，既主張極端之信仰自由，故以為無傳教之必要。或以為宗教之儀式及信條，可以涵養德性，子

民反對之，以為此不過自欺欺人之舉。若為涵養德性，則莫如提倡美育。蓋人類之惡，率起於自私自利。美術有超越性，置一身之利害於度外。又有普遍性，獨樂樂不如與人樂樂，與寡樂樂不如與眾樂樂，是也。故提出以美育代宗教說，曾於江蘇省教育會及北京神州學會演說之。

子民又提倡勞工神聖說，謂：「出勞力以造成有益社會之事物，無論所出為體力，為腦力，皆謂之勞工。故農、工、教育家、著述家，皆勞工也。商業中，惟消費公社，合於勞工之格。勞工當自尊，不當羨慕其他之不勞而獲之寄生物。」曾於《勤工儉學傳》序，及天安門演說時暢言之。

子民小名阿培，入塾時，加昆弟行通用之元字，曰元培。其叔父茗珊君字之曰鶴卿。及子民治小學，慕古人名字相關之習，且以「鶴卿」二字為庸俗，乃自字曰仲申，而號曰崔廎。及在愛國學社時，自號曰民友。至《警鐘》時代，則曰：「吾亦一民耳，何謂民友。」乃取「周余黎民，靡有子遺」二句中字，而號曰子民，以至於今焉。子民曾改名蔡振，則因彼嘗為麥鼎華君序《倫理學》，謂：「四書五經，不合教科書體裁。」適為張南皮所見，既不滿麥書，

而謂蔡序尤謬妄。商務印書館恐所印書題蔡元培名，或為政府所反對，商請改署，故子民於所譯包爾生《倫理學原理》及所編《中國倫理學史》，皆假其妻黃女士之名而署蔡振雲。

近時蔣夢麟博士於到北京時，對於北京大學學生演說，講到蔡先生的精神，謂：「（一）溫良恭儉讓，蔡先生具中國最好之精神；（二）重美感，是蔡先生具希臘最好之精神；（三）平民生活，及在他的眼中，個個都是好人，是蔡先生具希伯來最好之精神。蔡先生這精神，是那裏來的呢？是從學問來的。」聞者均以為確當。

1935.09.25

1943.03
據
《蔡子民先生傳略》
高平叔編著
重慶商務印書館出版

傳略（下）(1)

　　民國八年，青島外交問題，激起空前之罷學風潮，首
起於北京大學，次及於北京各校。五月四日，北大及北京
各校學生有執旗示威舉動，旗書「誓死爭青島」「誅賣國賊
曹、章、陸」等字樣，並毆傷章宗祥，焚毀曹汝霖住宅。
學生被捕者三十餘人。北京十四校校長向警廳保釋，先生
以北大校長至願一人抵罪，均未允。五月九日，總統徐世
昌頒佈命令，歷述傷人、焚宅等事，且有將滋事學生送交
法庭依法辦理等語。先生頗憤懣，遂於五月九日上午八時
出走天津，留遞辭呈兩件，一致總統徐世昌，一致教育總
長傅增湘，表明辭職之意，措詞極為堅決。並在北京各報
發表啟事，云：「我倦矣！『殺君馬者道旁兒』『民亦勞止，
汔可小休』，我欲小休矣。北京大學校長之職，已正式辭

---

(1) 1935 年 8 月，蔡元培向高平叔口述了他「五四」以後的經歷，高平叔記了一份
　　大綱。此篇是高平叔根據這份大綱並補充了 1935 年 9 月以後的內容而成。

去；其他向有關係之各學校、各集會，自五月九日起，一切脫離關係。特此聲明，惟知我者諒之！」

先生出京後，國人對上述啓事頗多誤解，而於「殺君馬」一語尤甚。有謂先生當段祺瑞內閣時代，有某種印刷物為段所忌；又謂先生主北大時，取學術自由主義，容納新舊學派，為舊派所嫉；又謂學潮爆發時，政府有解散大學、罷免校長之主張，而一般舊官僚以此次學期為北大倡導新學派之結果，咸集矢於先生；尚有望文生義者，謂「君」者指政府，「馬」者指曹、章，「道旁兒」指各校學生。實則先生以為非自身離京不足以彌平學潮。外傳云云，均非事實。

先生離京數月，學潮方始平息。政府及北大教職員、學生挽留函電疊至。彼時，先生在杭州，與北來友人商定程序。先請蔣夢麟氏北上，繼發表《告北京大學學生暨全國學生聯合會書》。九月返校。

九年十一月，教育部派先生往歐美考察教育，與羅鈞任氏同行，羅氏考察司法。先至巴黎，法國教育部表示對於吾國學者之欽崇，特授先生榮譽學位，典禮極隆重。旋赴荷蘭、瑞典、意大利、比利時、德、英等國。

黃仲玉夫人於先生抵巴黎次日在北京逝世，先生在瑞士撰祭文云。

先生在歐洲各國考察畢，於十年七月赴美國，接受紐約大學哲學博士榮譽學位。旋遍遊美國各大城市，為北京大學建築圖書館向華僑募捐。是年十月，教育部電請過檀香山，出席太平洋教育會議，歸國。

十一年，彭允彝氏長教育，時羅鈞任氏忽以金佛郎案被逮，比開釋，彭氏再請拘捕，羅氏又入獄，引起先生及蔣夢麟、邵飄萍諸氏之不平，先生遂發表宣言，表示與彭允彝不能合作。悄然出京，住天津頗久。宣言原文如下：

（一）我絕對不能再作那政府任命的校長。為了北京大學校長是簡任職，是半官像性質，便生出許多官僚的關係，那裏用呈，那裏用咨，天天有一大堆無聊的照例的公牘。要是稍微破點例，就要呈請教育部，候他批准。甚麼大學文、理科叫作本科的問題，文、理合辦的問題，選科制的問題，甚而小到法科暫省學長的問題，附設中學的問題，都要經那拘文牽義的部員來斟酌。甚而部裏還常常派了甚麼一知半解的部員來視察，他報告了，還要發幾個訓令來訓飭幾句。我是個痛惡官僚的人，能甘心仰這些官僚的鼻息麼？我將進北京大學的時候，沒有想到這一層，所以兩年有半，天天受這個苦痛。現在苦痛受足了，好容易脫離了，難道還肯投入去麼？

（二）　我絕對不能再作不自由的大學校長。思想自由，是世界大學的通例。德意志帝政時代，是世界著名專制的國家，他的大學何等自由。那美、法等國，更不必說了。北京大學，向未受舊思想的拘束，是很不自由的。我進去了，想稍稍開點風氣，請了幾個比較的有點新思想的人，提倡點新的學理，發佈點新的印刷品，用世界的新思想來比較，用我的理想來批評，還算是半新的。在新的一方面偶有點兒沾沾自喜的，我還覺得好笑。那知道舊的一方面，看了這點半新的，就算「洪水猛獸」一樣了。又不能用正當的辯論法來辯論，鬼鬼崇崇，想借着強權來干涉。於是教育部來干涉了，國務院來干涉了，甚而甚麼參議院也來干涉了，世界有這種不自由的大學麼？還要我去充這種大學的校長麼？

（三）　我絕對不能再到北京的學校任校長。北京是個臭蟲窠（這是民國元年袁項城所送的徽號，所以他那時候雖不肯到南京去，卻有移政府到南苑去的計劃）。無論何等高尚的人物，無論何等高尚的事業，一到北京，便都染了點臭蟲的氣味。我已經染了兩年有半了，好容易逃到故鄉的西湖、鑒湖，把那個臭氣味淘洗淨了。難道還要我再作逐臭之夫，再去嘗嘗這氣味麼？

我想有人見了我這一段的話，一定要把「我不入地獄，誰入地獄」的話來勸勉我。但是我現在實在沒有到佛說這句話的時候的程度，所以只好謹謝不敏了。

先生以黃夫人逝世，已逾期年，家庭狀況不能不續娶，其擇偶條件：（一）原有相當認識；（二）年齡略大；

（三）須熟諳英文而能為先生之助者。先生屬意愛國女學舊同學周峻（養浩）女士。周女士在先生主持愛國時即來就學，又進承志、啓明諸校，畢業後，服務社會多年，且素有出國志願。先生當託徐仲可夫人介紹（徐夫人前任愛國女學舍監，與養浩夫人善），得夫人同意，遂於十二年七月十日在蘇州舉行婚禮。婚後，先生、夫人攜同女公子威廉、公子柏齡同往比利時，夫人及女公子進不魯塞美術學校研究美術；公子入比國勞動大學研究工藝。

十三年春，夫人及女公子感於比利時研究藝術之不宜，改往法國。夫人進巴黎美專，女公子入里昂美專，公子仍留比學工。先生則往來於比法兩國間，照料夫人、女公子、公子學業；並襄助李石曾、吳稚輝諸氏辦理里昂中法大學及華法教育事宜。

十三年秋，先生赴倫敦，與陳劍脩、黃建中、潘紹棠諸氏為退回庚子賠款之運動。旋得教育部電請赴荷蘭、瑞典出席民族學會，該會專研討哥倫布未發見新大陸前的美洲民族問題，先生撰有論文一篇，由謝壽康氏譯為法文送會。與會時，遇德國民族學家但采爾教授，但教授為先生

留學來比錫大學時之同學，勸先生往漢堡大學研究（漢堡民族博物館材料極豐富），先生遂於十四年偕夫人赴德，在漢堡大學研究民族學。

先生於十五年二月依教育部電促返國。是時，先生尚未辭去北大校長。抵滬，適平、津交通斷絕，無法北上，乃留滬參加皖、蘇、浙三省聯合會，該會係響應國民革命軍北伐之組織。浙江省科學院籌備處成立，推先生兼任正主任。是年冬，先生任浙江政治分會委員，赴寧波出席會議。時北洋軍閥在浙又佔優勢，分會委員分途暫避，先生與馬寅初氏同往象山，又改往臨海，再乘帶魚船往福州。

先生在福州及廈門兩閱月，由集美學校借捕魚船送至溫州，又換船至寧波，再由寧波到杭州，參加浙江政治分會。國民政府成立，遂進京，參加中央政治會議，任中央監察委員、國民政府委員、國民政府教育行政委員會常務委員，試辦江蘇、浙江、北平三大學區。同年，先生又與李石曾、張靜江諸氏提議設中央研究院及北平、浙江研究院，通過。由大學院呈准先設中央研究院，先生以大學院長兼任中央研究院院長。

十七年五月，先生在大學院召開第一次全國教育會議，集各省市教育行政主管人員、大學校長及專家七十餘人，會期互兩星期，議案四百餘事，凡教育上重要問題，多得適當之解決。是年，政府改組，大學院改為教育部，先生不願兼任部長，並辭去所兼任之監察院長及司法部長，辭函中有「去志早決，義無返顧」等語。先生一生難進易退，大抵如此。

先生自辭去大學院長、監察院長、司法部長、專任中央研究院院長後，對國事仍異常關懷。二十年冬，與張溥泉諸氏赴粵，代表中央接洽和議，當邀同粵方代表孫哲生諸氏來滬，作進一步協商，結果頗圓滿。二十一年，受教育部委托，整理中央大學。迭次中央執監委員會全體會議，均出席發表意見。其他有關文化學術之重要設施，如中華教育文化基金董事會、故宮博物院、北平及上海圖書館、倫敦藝術展覽會等，靡不參與。而於中央研究院，尤殫思竭慮，力圖進展。二十四年九月，羅致全國學者，組織中央研究院評議會，並舉行第一次、第二次會議，規劃推進學術研究工作頗詳。

　　先生「尚推想而拙於記憶，性近於學術而不宜於政治」，頗欲研究民族學以終老。先生曾言：「我是一個比較的還可以研究學問的人，我的興趣也完全在這一方面。自從任了半官式的國立大學校長，不知每天要見多少不願意見的人，說多少不願意說的話，看多少不願意看的信，想騰出一兩點鐘讀讀書，竟做不到了，實在苦痛極了！」南來以後，煩雜更倍往昔。先生遂於二十四年七月，發表啓事，聲明三事：(一) 辭去兼職；(二) 停止接受寫件；(三) 停止介紹職業。抄錄原文如下：

　　以元培之年齡及能力，聚精會神，專治一事，猶恐不免隕越：若再散漫應付，必將一事無成。今自八月起，劃一新時代，謹為左列三項之聲明，幸知友諒之。

(一) 辭去兼職

　　荀子有言：「行衢道者不至。」又曰：「鼯鼠五技而窮。」治學治事，非專不可。余自民元以來，每於專職以外，復兼其他教育文化事業之董事及委員等，積累既久，其數可驚。「老者不以筋力為禮，貧者不以貨財為禮」，雖承各方體諒，不以奔走權門、創捐巨款相責，而文書畫諾、會議主席，以及其他排難解紛、籌款置產之類，亦已應接不暇。衰老之軀，不復堪此。爰次第辭去，略如左方；其所不及，以此類推。

中國公學校董兼董事長

上海法學院校董

上海美術專科學校校董兼主席校董

愛國女學校董兼主席校董

蘇州振華女學校董

南通學院校董

北平孔德學校校長

中華職業教育社評議員

中華教育文化基金董事會董事及董事長

故宮博物院理事及理事長

鴻英教育基金董事會董事及董事長

全國國語教育促進會會長

寰球中國學生會會員

中華慈幼協會會員

中國經濟統計社社員

太平洋國際學會會員

國際問題研究會會員

音樂藝文社社員

大同樂會董事長及副董事長

中國教育電影協會監事

杭州農工銀行監理

國立北平圖書館館長

上海市圖書館臨時董事會董事及董事長

（二）停止接受寫件

余不工書，而索書者紛至，除撥冗寫發者外，尚積存數百件。方擬排日還債，而後者又接踵而至，將永無清償之一日。今決定停收寫件，俟積紙寫完，再行定期接受。

（三）停止介紹職業

事需人，人需事，諳悉兩方情形者，本有介紹之義務。然現今人浮於事，不知若干倍？要求介紹者，幾乎無日無之，何厚於此，何薄於彼？一而二，二而三，以至於無窮。遇有一新設之機關或機關之長官更迭時，則往往同時、同處接到我多數之介紹函，其效力遂等於零。在我費無謂之光陰，在被介紹者耗無謂之旅費，在受函者亦甚費無謂之計較與答覆，三方損失，何苦而為之！近日政府有全國學術工作咨詢處，社會有職業指導所，各報亦有「自我職業介紹」及「謀事者鑒」等欄；且現在各國失業調查及救濟之方策，我政府亦必將採用。個人棉力，汔可小休。

中華民國二十四年七月三十一日　蔡元培謹啓

二十五年冬，先生忽臥病，瀕危者再，卒以診治得宜，調養經年，漸告痊可。此後身體轉弱，時愈時發。

「八・一三」滬戰後，先生憂懷國事，每欲馳往國外，爭取友邦同情。二十七年春，移居香港，旋遷往九龍柯士

甸道新寓。又擬轉入內地，襄理大計。筆者是年秋過港，先生猶殷殷以昆明相晤為期，言猶在耳！但以高年遠行，不堪勞瘁，均未果行。同年，先生為國際反侵略運動大會中國分會撰《會歌》一首，云：

> 公理昭彰，戰勝強權在今日。概不問，領土大小，軍容贏詘。文化同肩維護任，武裝合組抵抗術。把野心軍閥盡排除，齊努力。我中華，泱泱國。愛和平，禦強敵。兩年來，博得同情洋溢。獨立寧辭經百戰，眾擎無愧參全責。與友邦共奏凱旋歌，顯成績。
>
> 蔡元培擬作，用《滿江紅》詞調，凡有。處皆押韵之字

先生於二十九年三月三日在九龍寓所失足仆地，傷及內部，雖經輸血手術，終以年高體弱，回天乏術，延至五日晨九時四十五分逝世，享年七十四歲。遺夫人周養浩女士，子無忌、柏齡、懷新、英多；女威廉（二十八年去世）、睟盎。先生得病經過，有如王雲五氏所述：

> 蔡先生年來息影香港，深居簡出；去歲遷往九龍新寓後，更少來港。今年廢曆新正初四日，先生偕夫人、公子等來港訪談，旋偕往香港仔午膳，順遊淺水灣等處，遊興甚濃，精神亦健。本月（三月）三日，先生在寓失足仆地，初以為無礙，旋竟吐血一口，家人悲慌，即召醫診治。惟因時值星期假日，故所延西醫朱惠康至午始到，並為加延馬利醫院內科主任凌醫生會同診察，認

為先生年事已高，宜防意外，故即商定過海入養和醫院，悉心診療。途中由朱醫生及蔡夫人侍伴。入院後，詳為診察，脈搏如常，似無大礙，乃為注射止血劑及葡萄糖針。本人於蔡先生赴院前及入院後，均往探望，見精神尚佳，無何異狀。四日晨十一時再往醫院探望，聞蔡夫人言，未續吐血；醫師亦謂如不轉變，或可出險。時蔡先生正睡着，故未與談，即行辭出。

詎至午後二時，即接蔡夫人電話，謂先生病勢轉危，本人急往探視，知從肛門排血甚多，精神驟衰，且不甚清醒。急為先後延請李祖佑、李樹芬及外籍醫師惠金生、郭克等四醫生，會同朱醫生診治，均認係胃瘤出血，恐難救治。初，各醫均主施行輸血手術營救，惟蔡夫人以先生年事已高，恐輸血反應甚大，不能抵抗，故非至萬不得已時，不願施行；至是，以先生病勢沉重，氣息僅存，故不得已決定實行輸血；惟時已深夜，原已驗定之輸血人遍覓不得，當時侍奉左右之蔡先生胞姪太沖及內姪周新，自願輸血，經趕往香港大學實驗室檢驗，蔡君之血同型，乃即返院施行手術。在輸血前，蔡先生已入極危險之狀態，惠醫生已斷定無救；惟郭醫生仍努力輸血施救。輸血後，經過良好，先生精神亦轉佳。本人至今晨（即五日晨）四時始辭出。當以輸血收效甚速，故定今日（五日）再行二次輸血。今晨八時，接醫院電話，知蔡先生又轉危，本人即趕往醫院，一面通知商務印書館在職工中徵求輸血者，一面趕請醫生急救。乃至九時四十五分，願輸血者數人趕至，未及施行手術，而先生已撒手長逝，痛哉！

（高平叔記）

知教育者，

與其守成法，毋寧尚自然；

與其求劃一，毋寧展個性。

蔡元培

1918.05.30

後記　　　　　　　　　　　　　　　　　孫華 (1)

　　蔡元培先生的教育思想博大精深，對於當代教育具有
重要的借鑒意義。2001 年，北京大學啓動以蔡元培先生命
名的本科教育教學改革項目 —— 元培計劃；2007 年，元培
學院正式成立。16 年來，元培學院始終積極穩妥地推進北
大本科教育教學改革，開展人才培養模式的探索與實踐。
值此蔡元培先生誕辰 150 周年和北京大學建校 120 周年之
際，元培學院邀請蔡元培先生的孫女蔡磊砢老師，以及北
京大學校史館館長馬建鈞老師、中國蔡元培研究會秘書長
陳洪捷老師等北大師生共同編寫了這本《蔡元培先生教育
文集》，重溫北大傳統，緬懷敬愛的老校長，以繼承發揚
「元培精神」。

　　蔡元培先生（1868–1940），是中國傑出的教育家、

---

(1) 孫華，博士、教授；北京大學元培學院黨委書記兼副院長、元培學院院友會會
　　長。

思想家、民主主義革命家。中華民國首任教育總長、北京大學校長、中央研究院首任院長，為中國近代教育、文化、科學事業做出了開創性的貢獻，被毛澤東譽為「學界泰斗，人世楷模」。

1916.12

1916 年 12 月 26 日，蔡元培先生出任北京大學校長，注重學術研究，倡導「思想自由、兼容並包」，奠定了北京大學的學術精神，使北大成為以學術自由而著稱的最高學府，新文化運動的中心，五四愛國運動的發祥地。美國哲學家、教育家杜威這樣評價道：「拿世界各國的大學校長來比較，牛津、劍橋、巴黎、柏林、哈佛、哥倫比亞等等，這些校長中，在某些學科上有卓越貢獻的不乏其人；但是，以一個校長身份，而能領導那所大學對一個民族、一個時代，起到轉折作用的，除蔡元培而外，恐怕找不出第二個。」蔡元培先生出任北大校長期間，以學術研究為本，設立研究所，創辦學術刊物，鼓勵師生學術爭鳴，思想自由發展，推行教授治校；打破學科界限，推行學分制，促進文理兩科的滲透與融合。北大開創了「學術」與「自由」之風，為中國現代大學的形成奠定了基礎。蔡

元培先生對中國教育事業的發展做出了很多重要的貢獻，例如，他提出了軍國民主義、實利主義、公民道德、世界觀、美感教育的「五育並舉」教育方針，使美育第一次在以教育法規的形式被確立下來。蔡元培先生對中國基礎教育的發展影響深遠，在中小學廢止讀經，提出男女同校，倡導社會教育，推動教育的普及。

《蔡元培先生教育文集》共收錄了 43 篇蔡元培先生的作品和講稿，分為北大改革篇、學生篇、教育理念篇、文化篇、世界觀篇、生平篇 6 個篇目，從各個側面來呈現蔡元培先生的教育思想和理念。「大德垂後世，中國一完人」是北大校長蔣夢麟對蔡元培先生的評價，他說：「當中西文化交接之際，而先生應運而生，集兩大文化於一身，其量足以容之，其德足以化之，其學足以當之，其才足以擇之。嗚呼！此先生之所以成一代大師歟！」通過閱讀《蔡元培先生教育文集》的 43 篇文章之後，我們會對這段話有更加深刻的體會：蔡元培從思想學術上為國人開導出一股新潮流，衝破了舊有習俗，推動了大局政治，這是十分正確的。正是因為蔡先生的兼容並包、思想自由，使得新文

化有了立腳之地，使得北大成為新文化的堡壘，科學、民主的思想得以傳播。因為從這個意義上講，蔡元培不僅是現在北大的締造者，也是中國大學理念和精神的締造者。

為了給讀者提供第一手資料，《蔡元培先生教育文集》的主編蔡磊砢老師在編寫過程中使用的大多是蔡元培先生的手稿原件和珍貴的照片，編輯錄入的任務非常繁重。元培學院的學生和院友參與了原稿的編輯錄入和校對工作，還有1位來自加拿大的留學生以及3位教育學院的碩士研究生。《蔡元培先生教育文集》的編製凝結了北大師生對蔡元培先生的敬仰，梁漱溟先生說過：「蔡先生一生的成就不在學問，不在事功，而只在開出一種風氣，釀成一大潮流，影響到全國，收果於後世。」

在這裏，特別希望當代的大學生能夠通過閱讀《蔡元培先生教育文集》這個「大家小書」引發更深入的思考：「做學生的第一件事就要讀書。讀書從淺近方面說，是要增加個人的知識和能力，預備在社會上做一個有用的人材；從遠大的方面說，是要精研學理，對於社會國家和人類作最有價值的貢獻。」正如蔡元培當年對學生希望的那樣：

「在中國四萬萬同胞中，各人所負責任的重大，恐怕要算青年學生首屈一指了！就中國現時所處的可憐地位和可悲的命運而論，我們幾乎可以說：凡是可擺脫這種地位、挽回這種命運的事情和責任，直接或間接都是要落在學生們的雙肩上。」青年學生如何才能擔此大任？第一是對於學術上的責任：「試問在現代的學術界，我們中國人對於人類幸福有貢獻的究竟有幾個人呢？無怪人家漸漸的看不起我們了。我們以後要想雪去被人輕視的恥辱，恢復我們固有的光榮；只有從學術方面努力，提高我們的科學知識，更進一步對世界為一種新的貢獻，這些都是不能不首先屬望於一般青年學生的。」第二是對於國家的責任：「今後想擺脫列強的羈絆，則非急圖取消不平等條約不可。想把國民經濟現狀改良，使一般國能享獨立、自由、富厚的生活，則非使國內政治能上軌道不可。昔范仲淹為秀才時，便以天下為己任，果然有志竟成。現在的學生們，又安可不以國家為己任。」第三是對於社會的責任：「我們中國的社會，是一個很老的社會，一切組織形式及風俗習慣，大都陳舊不堪，違反現代精神而應當改良。這也是要希望學生們努力實

行的。因為一般年紀大一點的舊人物，有時縱然看得出，想得到，而以濡染太久的緣故，很少能徹底改革的。所以關於改良未來的社會一層，青年所負的責任也是很大的。」

　　教育是人類傳承文明和知識、培養年輕一代、創造美好生活的根本途徑，努力讓每個孩子獲得發展自身、奉獻社會、造福人民的能力。蔡元培先生在擔任北京大學校長時提出：「蓋群性與個性之發展，相反而適以相成，是今日完全之人格，亦即新教育之標準也。」他認同無獨立獨行之能力者，終不足以擔負國家之大事，「謂教育之目的，究係為個人乎？抑為社會與國家乎？蓋維此二性具備者，方得謂此後國家所需要之完全國民也。」北京大學元培學院正在實施的教育教學改革，就是在大學期間引導學生有更好的學習與成長的體驗，將教與學的重心真正轉移到「以學生為中心」的教育，使學生獲得身心和智力上的自由，獲得獨立自由的思想和行動能力，實現在未來的可持續發展，培養學生成為對社會、國家和世界有理性認識和負責任的公民，從而成為能夠面對複雜多變世界的挑戰、引領未來的人。

蔡元培先生教育文集

蔡元培 著
北京大學元培學院 編

出版： **中華書局（香港）有限公司**
香港北角英皇道 499 號北角工業大廈一樓 B
電話：（852）2137 2338　傳真：（852）2713 8202
電子郵件：info@chunghwabook.com.hk
網址：http://www.chunghwabook.com.hk

發行： **香港聯合書刊物流有限公司**
香港新界大埔汀麗路 36 號中華商務印刷大廈 3 字樓
電話：（852）2150 2100　傳真：（852）2407 3062
電子郵件：info@suplogistics.com.hk

印刷： **美雅印刷製本有限公司**
九龍觀塘榮業街 6 號海濱工業大廈 4 樓 A

版次： **2018 年 5 月第 1 版第 1 次印刷**
© 2018 中華書局（香港）有限公司

規格： 16 開（220 mm×150 mm）
ISBN： 978-988-8512-62-1

責任編輯：郭子晴

裝幀設計：立青

排版：楊舜君

印務：劉漢舉